A TOOLKIT FOR MODERN LIFE

마음의 근육을 단련하는 센터

멘탈케어
도구상자 55

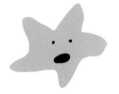

Hj 골든벨타임

스트레스 사회를 산다는 것은
「마음의 케어」가 필요하다.

　바쁜 일상속에서 우리는 「일과 사생활의 양립」이라는 무모한(?) 시도를 하고 있다.

　타인의 일상을 염려하며 나의 행복을 찾고, 직장, 육아, 자기계발, 건강 등 해야할 일들을 겨우 소화하면서 휴식까지도 가지려고 생각한다.

　하지만 쉼을 즐기는 시간조차도 메일 확인, sns 등업을 위해 많은 동작을 하며, 휴식이라는 착각에 빠져있기도 한다.

　대다수 사람들의 일상은 끊임없이 활동하고 있다. 마술처럼 멋지게 저글링을 하기도 하지만 때로는 공을 떨어뜨리기도 한다. 이렇듯 우리의 인생도 계획대로 살아간다는 것이 결코 쉽지 않다.

　그렇다고 멋지게 성공하는 묘책이 반드시 이 책에 있는 것은 아니다. 여기에는 적어도 실패하더라도 좌절하지 않고 다시 도전해 볼 수 있는 찬스를 던지고 있다. 즉, 사람의 「마음」을 다루는 방법에 대해 다시 한번 생각해 볼 수 있는 계기를 말이다.

　실패한 마음, 성공을 갈구하는 마음, 망중한(忙中閑)을 즐기려는 현대인을 위해 맞춤형 「멘탈을 케어하는 도구상자」를 만들어 보자.
　나의 인생은 내 마음을 중심으로 돌아간다. 나의 마음을 통해 사물을 보고, 반응하고, 기억하고, 발전시키고, 교류하고, 창조하면서 인생을 살아간다. 마음 케어가 인생의 전부라고는 단언할 수 없지만, 나의 마음 상태에 따라 인생의 방향은 바뀔 수 있으므로 「멘탈을 케어하는 도구상자」가 꼭 필요한 이유이다.

　이 책은 나만의 「멘탈을 케어하는 도구상자」를 만드는데 조력자가 될 것이다. 마음 케어를 위해 알아둬야 할 방법이나 스트레스를 해소하는 대처법, 삶을 불안하게 하는 원인까지, 다양한 힌트들을 정리해 보았다. 「멘탈을 케어하는 도구상자」를 통해 진정한 내 인생의 주인공이 되어 보자.

Dr. Emma Hepburn

마음사용설명서
-행복은 짧고 불행은 길다-

나는 오늘도 경계인(marginal man)이다. 현재와 미래의 교집합의 선상에서 고뇌하고 있기 때문이다.

우리는 언제나 다종다양한 실현성에 희망을 품고 있다. "~을 하고 싶다!"라는 욕망은 반대로 결핍이 내재되어 있다는 반증이다. 코로나 시대상은 인간으로서 추구해야 할 행복추구권마저 허들에 가로 놓여 있으니 말이다.

얄롬(Irvin Yalom)의 「삶과 죽음 사이에 서서」에는 '성공'이란 목표를 성취했던 어느날 여전히 허전함이 엄습한다. 이것은 실존적 공허(existential vacuum)에 빠져버린 채 삿된 욕망이 부른 침습적 현대병이다.

요즘 MZ세대들마저 가스라이팅, 데이트 폭력, 언어폭력 등으로 인해, 그들만의 세계에서 몹시 불안한 심리적 묘사를, 그림으로 구현한 인스타툰(인스타그램+웹툰)이 들불처럼 번지고 있다.

왕왕 이러한 결과물은 개인주의 만행에다 사이버 숲으로 침잠되어, 자기이해의 망각에 사로잡혀 사회적 문제로 야기되기도 한다.

자기이해를 높일 수 있는 방법은 스스로 자기 탐색에 초점을 둔 동기부여가 필요하다.

긍정적 자아개발은 환경이 아무리 변해도 이겨낼 수 있는 전략을 수립할 수 있고 어떤 장애도 이겨낼 수 있다는 것을 이 책은 친절히 묻고 답하고 있다.

영국 현지에서는 물론 일본을 비롯한 세계 여러 나라에서까지 번안서가 발행되어 선풍적인 공감대를 형성하고 있다. 근래 보기 드문 심적 갈등의 혜안록이자, 우리 모두가 앓고 있는 오염된 생각 공장을 튜닝하기에 안성맞춤이다.

불행 없는 행복은 존재할 수 없다.

"당신의 마음은 안녕하십니까?"
그렇다.
바로 여기에......!

2023. 신춘지절에
대표 / 원장 **조 대 수** ((주)백년멘토/세종경영연구원)

Contents

목차

제4장   짜증스런 기분의 원인을 파악한다

제5장
마음의 용량을 키운다 – 행동편

제6장
마음의 용량을 키운다 – 사고(思考)편

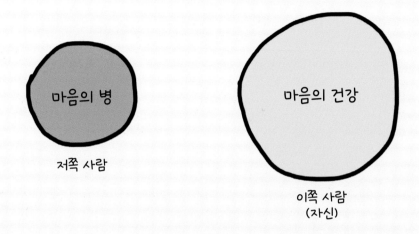

저쪽 사람

이쪽 사람
(자신)

마음의 건강이란

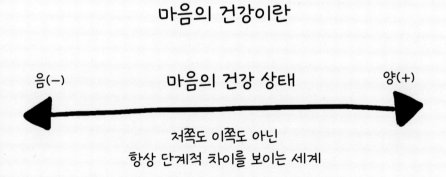

음(−)　　　　　마음의 건강 상태　　　　　양(+)

저쪽도 이쪽도 아닌
항상 단계적 차이를 보이는 세계

누구나 마음이 아플 수 있다

멘탈 케어는 누구에게나 필요한 일이다. 「나는 괜찮다」거나 「나와는 관계없다」, 「문제가 생겼을 때 하면 된다」는 생각을 버려야 한다. 멘탈 케어 즉, 마음 건강은 나를 포함하여 모든 사람에게 주어진 과제이다. 상황이 더 악화되기 전에 인지하고 준비해야 하는 것이다.

마음의 건강 상태는 살아있는 동안 고정되어 있지 않다. 그렇기 때문에 언제 어떤 상황에서 부정적인 방향으로 요동칠지 모른다. 나를 포함한 누구나 예기치 못한 상황, 사람과의 관계 속에서 마음의 상처를 받을 수 있다.

육체적 건강과 마찬가지로 마음의 건강도 회복될 수 있다. 상처난 마음의 건강을 회복하기 위해서는 마음의 불편함, 마음에 생기는 부정적인 요인을 가볍게 여기는 생각부터 연습해야 한다. 그리고 긍정적인 멘탈 형성에 영향을 주는 요인을 이해하고 개선하기 위한 방법이나 도움을 받아야 한다.

중요한 것은 **마음 건강은 마음만의 문제가 아니라 뇌는 물론이고** 육체나 환경과도 근본적으로 연결되어 있다. 마음과 뇌, 육체, 환경과의 관련성은 뒤에서 자세히 살펴보겠다.

 ## 자신의 마음 크기를 「유리병」으로 비유해 보자

우리의 마음(유리병) 안에는 **스트레스에 대한 민감성(딸기)과 스트레스의 원인(포도)**이 담겨 있다.

스트레스에 민감하면 할수록 딸기의 양이 늘어나고, 스트레스 원인이 많으면 포도의 양이 늘어난다. **그 민감성은 사람에 따라 다르고 스트레스의 원인은 수시로 바뀐다.**

이 유리병에 대한 비유는 스트레스에 대한 유전적 민감성을 설명하기 위해, 교수이면서 유전 카운셀러로 활약 중인 '제니 오스틴'이 제창한 것을 인용한다.

하지만 심리학자인 필자는 스트레스에 대한 민감성은 여러 가지 요인이 있다고 생각한다. 가령 생물학적 요인, 사회적 요인, 인지적 요인, 환경적 요인, 나아가 지금까지의 인생 경험적 요인도 있을 것이다.

사람에 따라 인내의 범위는 스스로 정하기 때문에, 스트레스의 원인이 유리병 용량을 초과하면 마음의 건강에 영향을 준다. 하지만 주변 사람들로부터 도움을 받고, 숙면을 취한다거나 운동을 하는 등 적당한 스트레스 대처법을 배우고 실천한다면 유리병 용량, 즉 마음의 용량을 키울 수 있다.

마음의 건강에 대해 이해하고 있으면 여러 가지 좋은 점이 있다.

① 마음의 케어와 무관한 사람은 없다는 사실과 어느 누구의 마음에도 한계가 있다는 사실을 알게 된다.

② 처한 상황에 따라 누구나 마음이 아플 경우가 있다는 사실을 알게 된다.

③ 유전적 요인뿐만 아니라 개인적 상황이나 체험도 고려하기 때문에 마음의 병이 얼마나 걸리기 쉬운지 또한 스트레스로 인한 민감성에 개인차가 있다는 사실도 이해할 수 있다.

유리병(=마음)의 용량

누구나 하나씩 갖고 있는
마음 속 유리병

내용물은 두 가지

🫐 스트레스에 대한 민감성
🍇 스트레스의 원인

가득참 = 괴로운 상태,
마음의 피폐

친구들의
도움

운동

친구인
향신료

올바로 대처하면
유리병이 커진다.

그리고 무엇보다 희망적인 것은 스트레스의 원인을 관리하고, 적절히 대처함으로써 스트레스에 대한 적응력을 높일 수 있기 때문이다.

도대체 마음이란 무엇일까?

이 질문은 아무리 논쟁해도 해답을 찾기 쉽지 않다. 여기서는 필자의 해석을 적용하는 것으로 대체하겠다.

마음은 자신의 내적·외적 세계 인식을 통해 스스로를 인지하는 곳이다. 우리 인간은 마음에 따라 자신의 사고를 파악한다. 자신, 주변의 세계 그리고 그 세계와 자신과의 관련성을 마음으로 파악하고, 느끼고, 이해하고, 기억하고, 바라보는 것이다. 주변 세계와의 교류도 마음을 통해 이루어진다. 마음을 만드는 것이 뇌(brain)지만, 그렇다고 마음이 뇌일 수는 없다.

마음은 뇌, 육체, 환경으로 이루어진 3인조 밴드이다. 3명의 멋진 조화를 통해 삶 속에서 다양한 하모니를 연주한다. 특히 「인생」이라는 곡이 연주될 때는 실수 없이 완벽한 연주가 필요하다. 때문에 육체와 환경을 말하지 않고 뇌만 언급하는 것은 3인조 밴드의 3분의 2를 무시하는 것과 마찬가지이다.

뇌와 육체는 서로 영향을 주고받는다

앞서 언급한 3가지 요소에 의해 마음이 만들어지는 과정을 살펴볼까 한다.

뇌는 신체기능을 조정(control)하는 동시에 세상을 살아가는데 필요한 사고, 기억, 계획, 통합, 주목, 의사결정 등과 같은 인지를 담당한다. **감정에 관한 이해도 뇌에서 이루어지기 때문에 뇌가 원활히 작동하지 않으면 여러 가지 기능에 문제가 발생된다.**

뇌 속을 들여다보면 수많은 신경세포로 연결되어 있다. 고속도로를 달리는 자동차가 전기신호에 따라 초고속으로 교신하듯이 뇌는 고도의 교신을 주고받으면서 우리 주변의 세계와 그에 대한 반응 상태를 파악하고 구성한다.

여기서 중요한 것은 뇌의 교신이 뇌 안에서만 이루어지는 한정적 교신이 아니라는 사실이다. **뇌는 몸과도 교신하면서 육체로부터의 반응도 파악한다.** 이 쌍방향 고속도로에서 육체는 뇌와 마음에 영향을 미치며, 반대로 뇌와 마음도 육체에 당연히 영향을 끼친다.

예를 들면, 생각이나 기분에 따라서 아픔을 느끼는 정도가 다르듯, 약 효과의 신뢰 여부에 따라 실제 효과에 영향을 끼친다. 만성적으로 스트레스를 받으면 면역력이 떨어져서 여러 가지 병에 걸릴 위험성이 높아진다. 운동이 멘탈 향상에 효과적이라고 말하는 이유도 같은 이치이다.

😊 환경을 분리해서 마음의 케어를 생각하기는 어렵다

뇌와 육체는 환경과도 밀접한 관련이 있다. 환경은 뇌, 나아가 마음을 좌지우지하고, 뇌는 환경 인식을 좌우한다. 뇌는 지금까지 배운 것들, 즉 체험에 기초하여 환경을 인식하는 것이다.

우리 인간은 사회적 존재이므로 뇌는 같은 환경에 처한 주변 사람들의 영향도 받는다. 유아기를 어떻게 보냈는지에 따라 환경에 대한 반응, 사상, 행동이 다르듯 우리 인간은 하루하루 생활 속에서 끊임없이 서로의 뇌에 영향을 주고받는다.

우리의 뇌는 다른 사람의 체험을 상상하고 거기에 반응한다. 타인의 아픔을 상상함으로써 그 아픔을 공감한다. 환경은 뇌, 육체적 기능과 밀접하게 연결되어 있기 때문에 마음을 둘러싼 환경을 무시하고는 진정한 마음을 논할 수 없다.

그러므로 이 책에서 마음을 케어하는 방법론적으로 **뇌와 육체, 환경 3가지 측면**에서 살펴보고 자 한다. 뇌, 육체, 환경 3가지 모두 마음을 만드는 요소들이기 때문에 마음을 케어하려면 3가지 모두를 다스려야 할 필요가 있다. 같은 이유로 마음의 건강도 뇌(마음)만의 문제가 아니라 육체를 포함한 복합적으로 생각해야 할 문제이다.

「마음의 건강」은 어떤 의미?

일반적으로 「마음의 건강 = 항상 행복하고 슬픔 등과 같은 네거티브한 감정(부정적으로 느껴지는 감정)과 관련이 없는 상태」로 생각되지만, 실제와는 차이가 있다. 뒤에서 자세히 다루겠지만, 인생에서 네거티브한 감정은 뗄레야 뗄 수 없다.

필자의 정의로는 「마음의 건강 = 스스로 자신을 케어하는 일, 다정함과 배려를 담아 자신을 소중히 다루는 일」이다. 그러면 자신의 감정을 이해하고 그 감정에 적절히 반응할 수 있고 하루하루의 스트레스 요인을 관리해 인생을 최대한으로 유의미하게 보낼 수 있게 되는 것이다.

「마음의 건강」에 대한 정의는 사람마다 다를지 모른다.

내가 정의한 마음의 건강은 어떠한 상태인가? 이때 마음은 자신이 생각하는 「건강한 마음」상태가 아닐 때, 혹은 평소와 달리 지극 정성으로 케어가 필요할 경우에 자신만의 정의를 내릴 수 있을 것이다.

「멘탈을 케어하는 도구상자」 사용법

이 책에서는 마음 건강에 도움이 될 만한 여러 가지 도구, 그것도 근거 있는 모델에 기초한 도구를 소개한다. 모두가 필자의 다양한 카운슬링 경험을 바탕으로 엄선한 것들이다.

여러 상담자들을 통해 검증된 것으로, **인생을 살아가는데 도움 받은 생각이나 훈련** 등을 소개한다.

자신에게 맞는 도구를 찾았을 때 주저없이 나만의 도구상자에 넣

기 바란다. 유사한 체험은 존재하지만 똑같은 인간은 존재하지 않는다. 그래서 자신만의 「멘탈을 케어하는 도구상자」를 만드는 게 중요하다.

도구는 수시로 넣다 **뺐다**를 반복해도 상관없다. 도구 일부가 일일이 고쳐야 할 때가 있는가 하면, 인생의 새로운 국면을 맞이해 도구를 완전히 바꿔야 하는 상황도 있을 수 있다.

이 책의 훈련 중 질문에 관한 대답이나 당신이 느낀 점을 직접 적어보는 것도 있다.

앞으로의 인생에서 어려움과 마주쳤을 때, 자신이 쓴 것을 되돌아 볼 수 있도록 질문에 대한 답변을 한 곳에 모아두면 효율적이다. 책에 직접 적어도 괜찮고, 별도로 노트를 준비해도 좋다.

굳이 앞쪽부터 순서대로 읽지 않아도 상관없다.

당신이 필요로 하는 파트부터 먼저 읽어도 좋다. 거기서 모은 도구만으로도 괜찮으니까, 당신만의 「멘탈을 케어하는 도구상자」를 만들어보기 바란다. 그래서 앞으로 스트레스 받는 사회에서 여러 가지 문제에 부딪쳤을 때 참고서로 활용할 수 있다면 그것으로 충분하다.

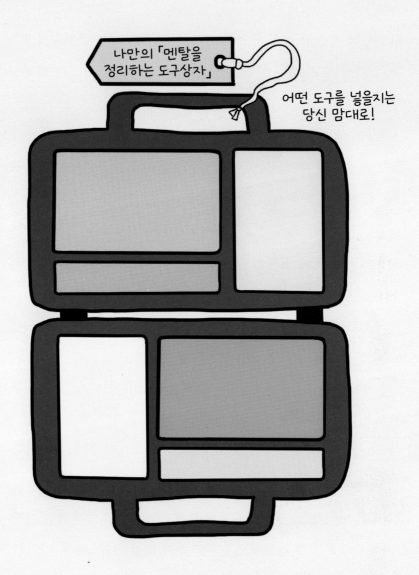

제 1 장
마음 건강의 기초를 만든다

「내일을 위해 케어한다는 말은 어떤 의미이지?」

「멘탈을 정리하려면 많은 시간, 돈을 들여서 복잡한 과정을 거쳐야 하는가?」

마음이 무엇인지 알기 위한 과정은 복잡하다. 대처방법을 찾는 것이 반드시 즐거운 일만도 아니다. 하지만 필자는 카운슬링을 할 때「마음의 케어는 애매하고 어렵다」라든가「만병통치약처럼 모든 문제가 해결되고, 무지개같은 미래가 찾아올 것」이라고 말하고 싶지 않다. 만약, 만병통치약이나 궁극적인 해답을 찾는다면「애써 마음의 건강을 컨트롤하는 노력 따위는 공염불」이라는 기분이 들면서 무력감에 빠지기 쉽기 때문이다.

게다가 우리는 마음의 건강에 가장 영향을 주는 간단한 요소에 소홀하기 쉽다. 마음의 케어가 사람마다 달라야 한다는 사실은 분명하지만, 하루하루의 심신 건강을 치유하는 것은 누구나가 할 수 있는「일상적인 습관」이다.

그래서 제1장에서는 스트레스의 원인과 마음을 케어하는 현실적인 방법을 찾아낼 수 있도록 순서에 따라 살펴보겠다.

기본 케어를
소홀히 하면 안 된다

우리의 「기분」과 「육체」는 본질적으로 이어져 있다. 피로, 갈증, 컨디션 불량, 공복 등의 상태에 빠지면 크든 작든 간에 불쾌감을 느끼게 된다.

그리고 불쾌감이 들면 불순한 사고에 빠져 기분전환이 될 만한 행동을 소홀하기 쉽다. 더 심각해지면 수면부족이나 운동부족으로 인해 질병이 생기고 뇌와 육체의 활동에 큰 타격을 받는다. 이렇게 기본적인 케어에 소홀하게 되면 기분이 나빠지고, 그것이 다른 사고 패턴이나 행동 패턴에 연쇄적으로 작용하여 악순환에 빠지기 쉽다.

우리가 상황에 대응할 수 있는 것은 환경이나 과거의 체험에 비춰가면서 뇌가 끊임없이 기분을 분석하고 있기 때문이다. 육체적 불쾌감은 어떤 이상 징후일 가능성이 있는 것이다.

육체는 공복이나 갈증, 컨디션 불량, 배설 욕구, 피로, 통증 등 일상생활에서 나타나는 다양한 증상에 영향을 받기 때문에 불편한 상황이 나타나면 「뭔가 이상하다」는 이상신호를 감지 한다. 이 가운데 공복이나 갈증 등은 비교적 조정하기가 쉬워 바로 해소할 수 있다.

하지만 뇌가 완벽한 시스템은 아니기 때문에 인지 과정에서 <mark>육체로부터의 단순한 신호를 잘못 읽어내는 경우도 있다.</mark>

가령 다음과 같은 체험을 해 본 사람도 있지 않을까?

'왜 이렇게 싫은 기분이 들지?'라고 느끼지만 명쾌한 해답을 찾기 어렵다. 계속해서 분석하면서 무심코 샌드위치를 먹었더니 기분이 상당히 좋아지는 것을 느낄 때가 있다. 이때 샌드위치를 먹는 이유로 에너지와 혈당치가 급상승한 결과, 몸 상태가 업(up)되면서 기분이 좋게 바뀐 것이다.

요컨대 <mark>공복으로 인해 다운되어 있었던 것</mark>인데, 분석을 좋아하는 뇌가 고도의 분석에 몰두한 나머지 단순한 해답을 발견할 수 있다는 사실이다.

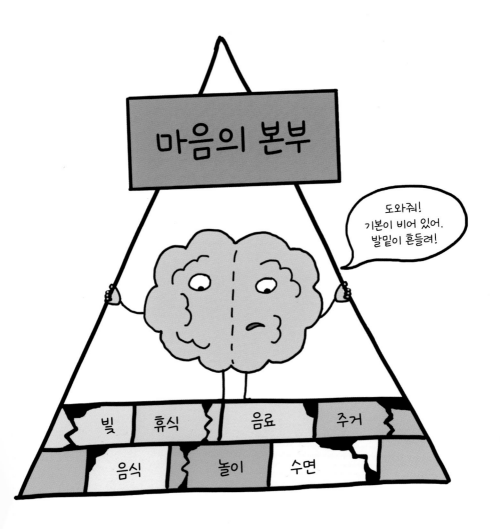

의식적으로 휴식 시간을 갖거나 즐거운 행동을 하자.

몸 컨디션을 좋게 하면서 기분에 악영향이 미치지 않도록 하는 것은 중요하다. 하지만 「기본」이란 불쾌감의 컨트롤만을 가리키는 것은 아니다. 쾌감을 만들어내는 시점도 똑같이 중요하다.

숙면이나 맛있는 음식물 섭취 같이 기본을 바로잡는 것만으로도 기분이 개선되기도 하지만, 휴식이나 긴장 완화 같은 상황 역시 계획적으로 충족시켜야 하는 기본적 욕구에 해당한다.

최근에 「셀프케어」라는 말이 많이 사용되고 있다. 거의 모든 상품의 광고에 등장할 정도이다. 하지만 셀프케어라는 광고가 난무한다고 해서 그 중요성이 경시되어서는 안 된다. 「스스로를 케어한다」는 말은 마음 건강의 기초가 블록을 쌓 듯 구축해 나간다는 뜻이다. 기초가 튼튼하면 마음이 건강해져서, 인생에 따라다니는 불편한 상황에서도 힘든 마음은 훨씬 부드럽게 회복된다.

이어서 소개할 연습에서는 수면, 식사, 재미, 휴식에 초점을 맞췄지만, 건강을 관리한다거나(건강진단, 운동 등), 주거환경이나 경제 상황을 정리한다거나, 실내의 환기 등도 기본에 들어갈 수 있다.

당신의 기초에 틈새가 생겼는지를 찾아보고, 가능하면 그 틈새를 가늠해 보면 어떨까?

EXERCISE 1
기초의 틈새를 메꾸는 수면

수면부족은 기분을 현격히 떨어뜨릴 뿐 아니라, 인지나 건강에도 해를 줄 가능성이 있다. 예를 들면 해야 할 일이나 집중력 유지, 정보 기억 같은 인지기능을 떨어뜨리는 것이다. 수면에는 기억을 저장하는 기능이 있다고 알려져 있기 때문에, 충분한 수면을 취하지 못했을 때 멍한 느낌이나 기억을 잊어버리는 일이 빈번히 발생한다.

최근 연구에 따르면 뇌 관리인에 해당하는 글리어 세포(Glia Cells)는 수면 중에 가장 활발히 활동하는데, 이를 통해 뇌의 노폐물을 제거하는 것으로 알려져 있다. 그렇기 때문에 양질의 수면을 충분히 취하는 것이 중요하다.

때로는 **자려고 노력해도 잠이 쉽게 오지 않을 때**도 있다. 이불 속에 들어가도 잠들 때까지 여러 가지 이유로 쉽게 잠을 잘 수가 없다. 심지어 **걱정거리나 심한 스트레스**가 있으면 수면 패턴이 망가져 중간에 잠을 깨거나 악몽을 꾸기도 한다.

불면으로 일상생활에 영향을 받는 경우에 의료진과의 상담을 통해 전문적인 치료를 하는 것이 좋다.

다음에 제시된 수면을 방해 받는 요인 4가지 통해 자신에게 해당한다고 생각되는 원인을 체크한 다음, 해결책을 참고하여 문제를 해결하기 바란다.

☐ 수면을 방해받는 요인 <전반적인 걱정거리>

1. 아침에 일어났을 때 대처할 수 있도록 자기 전에 걱정거리를 적어놓는다. 그래도 걱정거리가 있으면 「내일 대처하면 된다」고 다시 마음속으로 다짐한다.
2. 느릿한 호흡으로 의식을 집중해 자신의 숨소리를 들으면서 느껴본다 (호흡이나 릴랙스를 보조하는 어플을 사용하는 것도 효과적).
3. 릴랙스 할 수 있는 음악을 들으면서 기분을 전환한다.

☐ ^{Check} 수면을 방해받는 요인 <뇌가 휴식 모드로 들어가지 않는다>

1. 자기 전에 머리가 맑아지는 활동이나 머리를 지나치게 쓰는 활동을 하지 않는다.

2. 매일 비슷한 잠자기 전 루틴을 거친다. 따뜻한 물로 샤워를 하거나, 따뜻한 물을 마시거나 책을 읽는 등 수면 전의 루틴은 마음을 가라앉혀 잠으로 연계시키는 효과가 있다.

3. 자기 전에 방의 조명을 어둡게 한다.

4. 밤늦게 음식을 먹지 않는다. 저녁 이후에는 카페인을 섭취하지 않는다.

5. 낮잠을 자지 않는다.

☐ ^{Check} 수면을 방해받는 요인 <잘 수 있을지를 걱정, 자려고 너무 애쓸 때>

1. 「그냥 몇 시간 밖에 못 자도 괜찮다」고 스스로 안심시킨다.

2. 앞 페이지에서 언급한 릴랙스 방법이나 기분을 전환시키는 방법을 시도한다.

3. 굳이 자려고 하지 않는다(일부 사람에게는 효과가 있는 것으로 증명되었다).

4. 이불 속에서 나와 릴랙스할 수 있는 것을 하면서 졸릴 때 다시 이불속으로 들어간다.

수면을 방해받는 요인 <애초에 수면을 가볍게 여기고 있다>

1. 수면의 가치와 의의를 다시 생각해 본다. 자는 것은 몸이 약해서가 아니라 수면은 모든 것을 개선한다.

2. 우선 자는 시간과 일어나는 시간을 정한다. 결정된 시간에 취침과 기상을 반복하면 수면의 질이 향상되는 것으로 알려져 있다.

3. 이불 속에 들어갔으면 자는 일 이외의 행위를 하지 않는다. 일을 연상하거나 휴대폰을 보지 않도록 한다.

4. 침실로 전자기기를 갖고 가지 않는다. 블루 라이트로 인해 뇌가 각성하면 멜라토닌 방출이 방해 받는다.

EXERCISE 2

기초의 틈새를 메꾸는 식사

머리와 몸이 효과적으로 기능하려면 물과 음식이 필요하다. 이것은 세포 차원의 이야기로 그치지 않는다. 식사를 거르거나 수분이 부족하면 기분이 가라앉는 것은 물론이고, 여러 가지 불쾌감에 휩싸이게 된다.

다행히 신선한 과일이나 야채를 포함해 균형 잡힌 식사를 하면 뇌 뿐만 아니라 건강에 좋은 영향을 준다.

식사는 기쁨의 큰 원천이기도 하다. 우리는 식사를 하면서 잠깐의 여유를 통해 몸을 쉬게 하고 긍정적인 감정을 갖기 때문이다.

하지만 음식이나 체중에 관한 정보들로 인해 때때로 우리의 몸과 음식과의 관계가 상당히 혼란스러운 경우도 많다.

언젠가 몹시 먹고 싶었던 음식인데 너무나 과식해서 후회하기도 하고, 바쁜 일상 때문에 애초부터 식사를 즐기는 일조차 여의치 않을 때도 있었다. 또한 다이어트를 한다고 식사에 제한을 두기도 한다. **식사를 제한하면 단기적으로는 성취감을 취할 수 있지만, 장기적으로는 폐해가 발생**한다.

그렇다면 마시는 것은 어떨까. 물을 마시지 않으면 탈수증상이 일어나고 피로감이 나타날 수 있다.

또 우리는 언제나 손에 넣을 수 있는 알코올, 카페인 따위를 섭취함으로써 더욱 피로로 몰아간다. 더구나 카페인은 몸을 싸움 모드로 만드는 「투쟁·과민반응」을 일으켜 **불쾌감을 만들어낸다**(전에 불안을 호소하는 상담자에게 유명한 에너지 드링크를 마시지 않도록 권했더니 상당한 효과가 있었다. 당시 그 드링크에는 고농도 카페인이 들어 있었다).

이밖에도 우리는 알코올을 빌어 기분을 컨트롤하려고 한다. 하지만 알코올은 대부분 뇌기능에 영향을 끼친다. 다음날까지 지속되는 숙취의 공포를 모르는 사람은 행운아라고 할 수 있다.

특별히 고민할 필요 없이 일반적인 식사를 하는 것만으로도 마음에 좋은 영향을 줄 수 있다. 다만 균형 잡힌 식사나 규칙적으로 식사를 하기 힘든 사람은 전문 의사와 상담해 보는 것이 좋다.

그럼, 다음 체크 리스트를 사용하여 식생활을 살펴보자. 먹거리나 마시는 것 때문에 기분에 악영향을 주지 않는지, 어떻게 조정하면 좋은 영향이 있을지 생각해 보기 바란다.

Check
☐ 수면을 방해받는 요인 <전반적인 걱정거리>

Check
☐ 식사에 제한을 두고 있나?

Check
☐ 균형 잡힌 식사를 하고 있나? 과일이나 야채를 섭취하고 있나?

^{Check} ☐ 평상시에 수분을 충분히 섭취하고 있나?

^{Check} ☐ 카페인을 너무 많이 섭취하고 있지는 않은가?

^{Check} ☐ 술은 적정량으로 마시고 있나?

^{Check} ☐ 시간을 갖고 식사하고 있나?

^{Check} ☐ 천천히 맛을 보면서 식사하고 있나?

EXERCISE 3
즐거운 일이나 숨 돌릴 계획을 세운다

눈앞의 일에 매달려 휴식이나 여유로움이 뒤로 미뤄지는 경우는 흔한 일이다. 그럴 틈이 없다고 생각하는 사람 또는 휴식 자체를(어떤 의미로 자기 자신을) 챙기지 않는 사람도 있다.

필자는 여행이나 휴식을 터부시 하는 상담자에게 「마음 케어 전문가로서 휴가를 처방한다」는 농담을 곧잘 한다. 어쨌든 자신을 릴랙스하게 하면 몸과 마음에 좋은 결과가 나타나기 때문이다.

먼저 릴랙스를 실행하는 것은 몸과 마음에 좋은 영향을 가져온다. 나아가 즐거운 일을 떠올린다거나, 그에 관해 이런저런 생각이나 계획하는 것만으로도 긍정적인 마음이 들 수 있다.

　휴가를 낼 수 있다면 그보다 좋을 수 없겠지만 현실적으로 어려운 경우도 있을 것이다. 하지만 즐거운 계획은 반드시 그렇게 크게 잡지 않아도 충분하다.

　오히려 1주일 동안에 소소한 즐거움을 느끼는 쪽이 효과적이다. 시간이 날 때 하는 게 아니라 예정을 잡는 것은 실행할 수 있는 가능성을 높이기 위해서이다.

　이「즐거운 스케줄」을 방해하는 요인이라면 죄악감이나 즐거움을 경시하는 기분, 시간부족이나 계획부족이다. 하지만 즐거움을 일상으로 받아들이면 스트레스를 완화시키고 긴장을 풀어, 몸을 치유하거나 회복시키는 육체적 시스템을 불러올 수 있다. 즐거움은 인생에서 간과할 수 없는 중요한 요소이다.

　소소한 즐거움이나 휴식 시간은 큰 즐거움 못지않게 멋진 일이고 바쁜 때라도 계획할 수 있다. 아주 약간의 즐거운 시간을 가짐으로써 기분도 업되 자기다움을 찾을 수 있는 것이다.

미국의 전 대통령 부인인 '미셸 오바마'도 스케줄 뿐만 아니라 즐거운 계획에 관해 말한 적이 있다. 심신의 건강을 위해서 시간을 갖고 즐거운 계획을 가져보자고 설파하고 있다. 퇴임 후에도 여전히 바쁜 전 대통령 부인이 할 수 있다면 우리도 할 수 있지 않을까?

다음 질문에 답하면서 일상생활에서 즐거움과 휴식시간을 확보하는 방법에 대해 생각해 보자.

Q 일반적으로 생활에서 할 수 있는, 기쁨을 가져올 수 있는 소소한 일은?

Q 일반적으로 생활에서 할 수 있는, 휴식에 도움이 되는 소소한 일은?

Q 어떻게 하면 그것을 생활에 반영할 수 있을까?

Q 즐거움이나 휴식 시간을 계획하는데 방해 요인으로 작용하는 것은?

Q 소소한 즐거움이 뒤로 밀리지 않게 하려면 어떻게 해야 할까?

TOOL 2

마음의 건강을
지탱해주는 5개 기둥

여기서 5개 기둥을 바라보는 견해는 서로 다르겠지만 「어떤 기둥이든 당신의 인생에 접목해 볼 가치가 있다」는 점에서 모두 공감할 것이다. 이 5가지 요소가 멘탈에 좋은 영향을 끼친다는 확실한 근거도 있다.

첫 번째 기둥 - 유대

인간은 사회적 동물이라 고립되었을 때 건강에 유해하다는 사실을 나타내는 증거는 부지기수다.

안심하고 신뢰할 수 있는 상태, 다양한 체험이나 즐거움을 공유하는 상대와 함께 지내는 일은 긍정적인 감정을 유도하여 몸의 컨디션을 좋게 한다. 건강한 마음을 만드는 중요한 요소이기도 하다.

상대와의 의사소통을 통해 자신의 생각이나 감정, 체험을 검증하고 이해하기도 한다. 그 결과 괴로운 상황을 극복하거나 폭넓은 시야로 다른 생각을 유도하기도 한다. 사람은 타인으로부터 배우는 동물로서, 그것은 본질적으로 뇌나 마음에도 효과적인 일이다.

행복하고 건강한 생활을 영위하는데 가장 중요한 것은 **좋은 인간 관계**라는 연구결과가 있다. 「셀프케어」라는 홍보문구가 넘치는 세상에서 간과하기 쉽지만, **행복을 누리는데 타인과의 유대관계 구축은 유효한 방법** 중 하나이다.

하지만 과거 경험으로 타인을 쉽게 믿지 못하거나 따돌림을 당한 사람에게는 타인과의 유대관계가 그리 쉬운 일은 아니다. 더구나 기분이 내키지 않을 때는 두문불출하는 경우가 허다하다. 이때는 만나서 기분이 좋아지고 신뢰할 수 있는 상대, 공통의 취미나 가치관을 가진 상대를 우선 만나는 것이 포인트이다.

가령 내키지 않더라도 유대 관계를 유지하려는 노력은 필요하다. 타인과의 유대는 당신의 마음에 헤아릴 수 없는 메리트를 줄 가능성이 있기 때문이다.

두 번째 기둥 - 활동

몸 건강에 운동이 좋다는 사실은 누구나 알고 있는 사실이다. 그리고 뇌는 몸에서 하나의 기관이다. 그래서 「운동은 뇌에도 좋다」고 해도 과언이 아니다.

운동을 하면 전신으로 피가 돌아 내장과 혈관(뇌에도 많은 혈관이 뻗어있다) 작용이 좋아진다. 성취감이 생기면서 기분 좋은 뇌 속에 화학물질(엔도로핀)이 방출되어 쾌감을 느끼는 동시에, 몸의 스트레스 반응이 억제된다.

운동을 통해 뇌 작용뿐만 아니라 주의력이나 집중력, 새로운 정보학습 같은 인지과정도 개선되는 것으로 알려져 있다.

운동은 나이와 상관없이 유익한 활동이지만, 「운동한다」라고 생각하면 막상 귀찮게 느낄 때도 있다. 하지만 생각을 바꿔서 「아무튼 움직인다」라고 생각하면 그래도 해볼 만 한 기분이 들지 않을까?

운동을 하다 보면 감정은 바뀌고 마음이 상쾌해지면서 성취감이 일어난다.

「이건 운동이라고 할 수 없지」라며 모처럼의 기회를 가볍게 여기지 말아야 한다. 가벼운 달리기나 걷기도 「활동」이고, 청소나 요가, 정원 손질, 음악의 리듬에 맞춰 부엌일을 하는 것, 노래를 흥얼거리는 것조차 「활동」이다. 즐길 수 있는 생활속 「활동」은 일상생활에서 오랫동안 반복하기 쉽다.

세 번째 기둥 - 깨닫기

뇌 안의 사고영역은 거의 모두가 과거의 체험과 가공의 미래로 채워져 있다. 이것은 전혀 이상한 것이 아니다. 뇌가 기억 구축이나 계획, 문제해결, 예측 등과 같은 주요기능을 실행하고 있다는 증거이다.

하지만 너무 도가 지나치면 한정적인 뇌 영역은 과거의 체험이나 미래로 채워져 「현재, 여기」서 일어나는 것을 간과하는 경우가 종종 있다. 심리학자 입장에서 보면, 문제를 특정하고 대책을 세우려면 지금 이 순간의 기분이나 감정을 제대로 깨닫지 않으면 안 된다.

지금 이 순간에 주의를 기울이면 스트레스 반응이 억제되고 몸의 진정계통 시스템이 작동하기 때문에 장기적인 건강효과가 있다. 이

것이 요가에서 말하는 마음 챙김(mindfulness), 바로 명상의 원리이다. 같은 원리를 이용해 일상생활에서의 깨닫기를 늘릴 수 있다.

어려운 일은 아니다. 주변에서 일어나는 일이나 자신의 행동에 완전히 주의를 집중시키기만 하면 된다. 산책할 때 평소보다 지나치게 나뭇잎으로 눈길을 주는 것, 요리를 하면서 재료의 향기, 질감, 색 등에도 주목해 보자.

육신은 소소한 원리를 깨달으면 자신의 감정이나 욕구를 이해하는 넛지를 얻을 수 있다. 예를 들면 그림을 그리거나, 책을 읽거나, 운동을 하는 등의 활동을 하다보면「지금, 여기」로 의식이 집중된다.

필자 같은 경우는 배드민턴이 그런 활동에 해당한다. 배드민턴을 하고 있는 동안에 채를 휘둘러 잘 맞춰야 한다는 생각만으로 머리가 가득하다! 사람에 따라서는 글쓰기, 연기, 노래가 그런 활동에 해당할지도 모른다. 물론 그런 활동을 하면 성취감, 즐거움, 사회적 연대도 덤으로처럼 따라온다.

네 번째 기둥 - 배움

학습은 뇌를 활성화시켜 뇌 안에 새로운 네트워크를 만들어낸다. 목적의식을 낳아 새로운 생각을 만들어내는 계기가 되기도 한다. 연구에 따르면 이런 현상을 기분이나 뇌에도 좋게 작용하여 장기적으로 몸 건강에도 기여한다(이것도 마음과 몸의 상관관계를 나타내는 한 가지 사례이다).

지식이 깊으면 깊을수록 뇌는 세포 차원에서 발달한다. 대단한 현상이 아닐 수 없다. 필자는 「학습은 뇌를 단련시키는 운동」이라고 생각한다.

그런데 학습이라고 하면 스트레스나 무력감, 좌절을 연상하기 십상이다. 필자도 오래전 시험을 떠올리면 지금까지도 스트레스 반응을 보인다.

그러나 시험을 본다거나 구구단을 외운다거나, 외국어를 반복하는 것만이 학습은 아니다. 뇌한테 새로운 발견으로 작용하는 모든 것이 학습인 것이다.

책을 통해 새로운 지식을 배우는 일, 새로운 언어를 배우는 일, 몰랐던 장소를 발견하는 일, 처음 하는 활동에 도전하는 일, 여러 가지

흔하지 않은 음식을 먹어보는 일(내가 좋아하는 학습이다) 등등.

개인적으로 최근 좋아지게 된 학습법이 팟캐스트나 라디오 방송을 듣는 것이다. 여러 가지를 생각하게끔 해주고, 또 재미도 있어서 휴식 같은 시간을 준다. 뇌에 있어서는 일석삼조가 아닐 수 없다!

다섯 번째 기둥 - 주는 것

인간은 근본적으로 사회적 동물이라 특별한 경우가 아니면 뇌는 주변 사람의 감정을 반영하도록 되어 있다. 우리는 타인의 고통을 느끼고 타인의 불쾌감을 파악할 수 있다.

그 결과 공감이 만들어진다. 상대의 불안이 전해져 오면 이쪽까지 불안해지는 경우도 있을 것이다. 울부짖는 아이의 부모라면 아이의 감정과 거리를 두고 냉정하게 대응하는 것이 얼마나 어려운지 알고 있을 것이다.

이처럼 공감으로 인해 불쾌한 기분으로 바뀌는 한편, 주변 사람들에게 좋은 영향을 주면 공감으로 인해 그 기쁨을 느끼는 경우도 있다.

「헬퍼스 하이(Helper's High)」라는 말은 타인을 생각하고 행동했을 때 얻어지는 행복감을 가리키는 말이다.

타인을 돕게 되면 돕는 사람도 좋은 영향을 받는다는 사실은 연구를 통해 밝혀지기도 했다. 만족감이 늘어나고 스트레스가 줄면서 사회적 유대가 강해지는 것이다. 생리학적으로 혈압이 내려가는 등 직접적 효과로 인해 심신의 건강도 좋아진다고 한다. 받는 것보다 오히려 주는 쪽이 유익한 효과가 있는 것 같다.

「준다」를 실천하는데 반드시 돈을 들일 필요는 없다. 시간과 배려야말로 당신이 타인에게 줄 수 있는 소중한 행복이다.

차분히 타인의 이야기를 들어주거나, 도움의 손길을 내밀거나, 고마움의 인사를 하는 등, 친구가 자신에게 얼마나 소중한 존재인지 천천히 알게 된다. 여기서 한 발 더 나아가고 싶다면(또 시간이 있다면) 자원봉사 활동을 한다거나, 푸드 뱅크에 기부한다거나, 지역 공원 가꾸기에 참가한다거나, 어려운 사람들을 위해 식사를 만들어 제공하는 활동을 시도해 보는 것도 좋은 방법이다.

주는 방법은 다양하다. 어렵게 생각하지 말고 자유롭게 자신이 무엇을 할 수 있는지, 어떻게 하면 생활 속에서 반영할 수 있는지를 생각해 보기 바란다.

마음의 건강을 떠받치는 5개 기둥

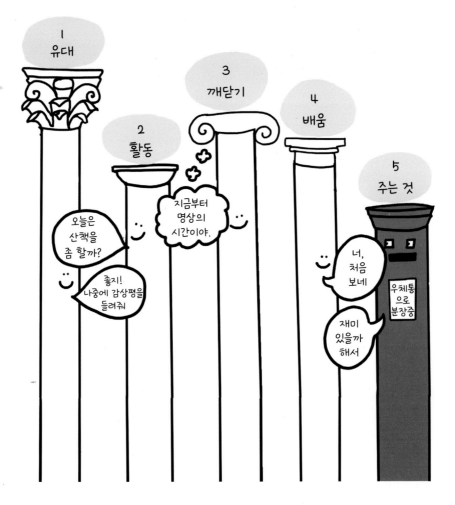

생활 속에 5개의 기둥을 적용

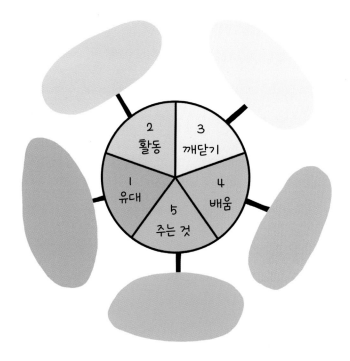

5개의 기둥을 생활 속에서 사용하는 방법을 생각해 보고, 위 일 러스트에 기입해 보자. 가능한 한 유연한 생각을 하는 것이 좋다.

기본적인 5가지 생각을 일상생활에 접목하려면 어떻게 해야 할까?

자신의 가치관을
파악한다

당신한테 중요한 일은 무엇인가?

어떤 일에 의의를 두는가?

인생에서 달성하고 싶은 성과를 묻는 것이 아니다. 당신이 보람을 느꼈을 때 무엇이 필요한지를 알고 싶은 것이다.

무엇을 했을 때 한정된 자신의 시간과 에너지를 가장 유의미하게 사용했다고 생각할까?

분명 무언가를 달성하면 보람을 느낄지도 모른다. 하지만 인생은 달성하는 것만이 전부는 아니다.

보람의 본질은 자신의 가치관에 맞는 활동을 하고, 자신의 가치관에 맞는 교제를 하는 것에 있다. 보람 있는 인생이란 가치관을 축으로 해서 사는 인생인 것이다.

연구에 따르면 자신의 가치관에 맞는 삶을 살 수 있다면 마음이 훨씬 건강해진다고 한다. 즉 마음의 용량이 늘어난다는 것이다. 왜냐하면 자신이 소중하게 여기는 가치관과 실제 삶이 일치하면 우리들 인간의 본질적 욕구인 「목적이나 의의」를 느낄 수 있기 때문이다.

「무엇 때문에 사는가?」라는 근본적 의문에 대한 대답이다. 살아가는 의미란 자신한테 근본적으로 중요한 것에 관해 생각하는 것과 같기 때문이다.

지금까지 무엇을 하다가 싫어지는 기분이 들거나 누군가의 언행에 불쾌감을 느낀 적이 있다면, 그것은 자신의 가치관에 맞지 않는다고 무의식적으로 알아차렸기 때문인지도 모른다. 가치관은 그 사람의 행동 지침도 되고 자기감정의 원인을 이해하는 계기가 되기도 한다.

가치관은 인생의 지침

즐거울 때나 슬플 때도 가치관은 당신과 함께 한다. 임상심리사인 필자의 업무상 지침인 가이드라인이나 윤리가 있듯이, 당신도 개인적 가치관이 기초한 가이드라인이나 윤리를 인생의 지침으로 삼을 수 있다.

미래를 내다볼 수는 없겠지만 가치관에 따라서 대처하는 것은 할 수 있다. 인생은 끊임없이 소소한 일상부터 온통 선택과 집중을 결단하는 연속성이다. 가치관은 그런 결단을 쉽게 할 수 있다고 단언하기 힘들지만, **더 좋은 결단을 하는데 유용한 도구**가 될지도 모른다.

일상생활에서 가치관에 대해 생각하는 경우는 별로 많지 않다. 필자 역시 넷플릭스의 최신작 감상을 들어보려고 했을 뿐인데, 친구로부터 「그래? 너한테 중요한 건 뭔데?」「오늘은 가치관에 맞게 산 거 같아?」라는 질문을 받는다면 잠시 묘한 기분이 들 거라고 생각한다.

「회사의 업적을 평가하는 일환으로 자신의 가치에 관해 생각해 본적이 있다」고 말할 수 있는 사람은 있을까? 하지만 자신의 행동이 자신의 가치관과 일치하는지를 필연적으로 생각하도록 만드는 평가 시스템이 보통은 인생에 존재하지 않는다.

그러므로 지금 여기서 인생 평가를 해보자.

EXERCISE 1
나에게 중요한 것은 무엇일까?

가치관은 단순한 감상도, 달성해야 할 목표도 아니다. 인생을 살아가는데 있어서 행동의 지침일 뿐이다.

자신에게 중요한 것을 모두 떠올려 보고 노트에 적어보자. 가치관이라는 다양한 사례들 중에 일반적으로 흔히 들 수 있는 가치관을 참고하기 바란다.

다음 질문도 생각의 단서로서 도움이 될 것 이다.

Q 사후, 어떤 인간이었다고 기억되고 싶은가?

Q 말년에 일생을 돌이켜보았을 때 어떤 일에 가장 큰 기쁨을 느끼게 될까?

Q 주변 사람의 어떤 특성에서 멋진 가치를 느끼는가?

Q 무엇을 하고 있을 때 가장 행복감을 느끼는가?

Q 가장 충실함이나 만족감을 얻는 것은 어떤 일인가?

이상의 질문에 대답했다면 몇 가지 테마가 있다는 사실을 깨달을 것이다. 써내려가다 자신에게 특히 중요한 가치관 또는 테마를 4가지 골라보자. 그것이 바로 당신의 행동에 지침이 되고 있는 가치관이다.

여기서는 간단하게 나열했지만, 자신의 가치관을 특정하기까지에는 많은 시간이 걸리므로 책 말미에 「참고문헌」을 찾아보는 것도 방법의 일환이다.

가치관의 나무

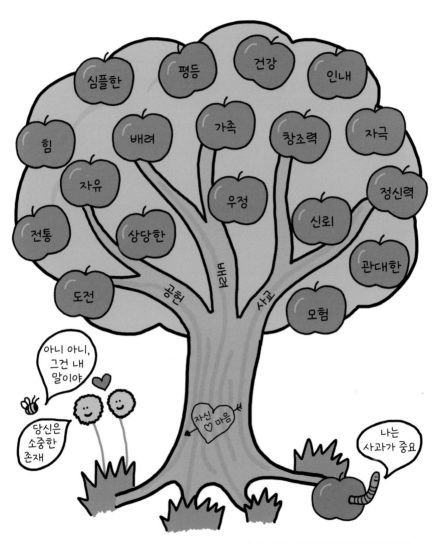

EXERCISE 2
가치관을 생활 속에서 실천하자!

이제부터 구체적인 생활로 눈을 돌려 가치관과 더 일치시킬만한 것이 있는지 생각해 보겠다.

예를 들면, 가치관 가운데 하나로 「사회적 연결」을 선택한 사람은 그것을 어떤 행동으로 적용해 실행할까?

그 가치관에 따라 행동하는데 달리 할 수 있는 일은 없을까?

얼마동안 뜸했던 친구에게 메시지를 보내는 건 어떨까?

Exercise 1에서 특정한 4가지 가치관 또는 테마를 다음의 일러스트 깃발에 적어보자. 이어서 그 가치관이나 테마를 실천하려면 일상생활에서 어떻게 행동하면 좋을지 생각해 보고, 그 아이디어를 산마루에 적어보자. 이미 실행하는 것이 있을 경우 그것도 기입하자.

가치관을 생활에 적용해 보자.

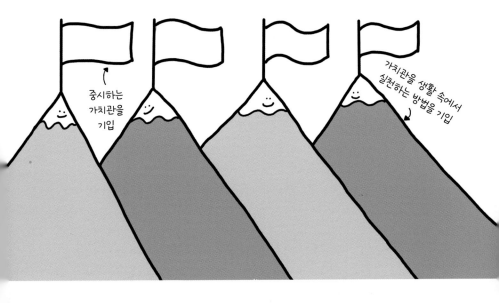

중시하는
가치관을
기입

가치관을 생활 속에서
실천하는 방법을 기입

여기서 아이디어 한 가지.

달성하기 쉬운 소소한 아이디어가 성공할 가능성이 높다는 점이다
(필자가 최근에 생각해낸 아이디어는 「잊지 않고 텀블러를 갖고 나
왔을 때는 테이크아웃 커피를 산다」는 것이다. 환경을 배려한다는
가치관을 반영하기 위한 아이디어이다).

결단한다 - 가치관 표지

「가치관 표지」라는 개념을 알고 있으면 자신의 행동지침에 따른 결정을 하기 쉬워진다. 쌍방향 화살표가 있는 표지를 떠올려보기 바란다. 화살표 한 쪽은 자신의 가치관 방향을, 다른 한 쪽은 가치관과 반대 방향을 가리키는 것이다. 이 개념을 의사결정에 활용하는 방법은 두 가지가 있다.

1. 자신이 지금 표지가 세워진 분기점에 있다는 사실을 인식한다.

분기점을 의식함으로써 타성이 아니라 능동적으로 갈 곳을 결정할 수 있다.

예를 들면 습관적으로 스마트폰을 잡고 있다고 느꼈을 때, 일단 행동을 멈추고 표지를 떠올리면서 다음과 같이 물어보는 것이다.

「이 길이 자신의 가치관으로 향하고 있나?

아니면 가치관에서 멀어지고 있나?」

친구와 이어지는, 휴식하는 등의 가치관으로 향하고 있는가. 또는 그냥 습관적으로 SNS를 보고 타인과 비교하면서 자신을 없앨 것인가. 어느 쪽일까?

2. 어떤 선택지가 가장 자신의 가치관에 맞는지를 생각한다.

가치관에 비추어 생각함으로써 결단하기 곤란한 상황에서의 실마리를 찾을 수 있다. 표지를 상상해 보고 각각의 선택지를 선택했을 경우, 자신이 어디로 향해 갈 것인지를 생각해 보자.

자신의 가치관에 가깝게 갈까. 아니면 멀리 떨어지는 곳으로 향할까.

가령 새로운 일을 시작했을 때 자신의 가치관에 맞는 활동이 가능할지 아니면 가치관에 반하는 활동으로 내몰릴지, 어느 쪽일까?

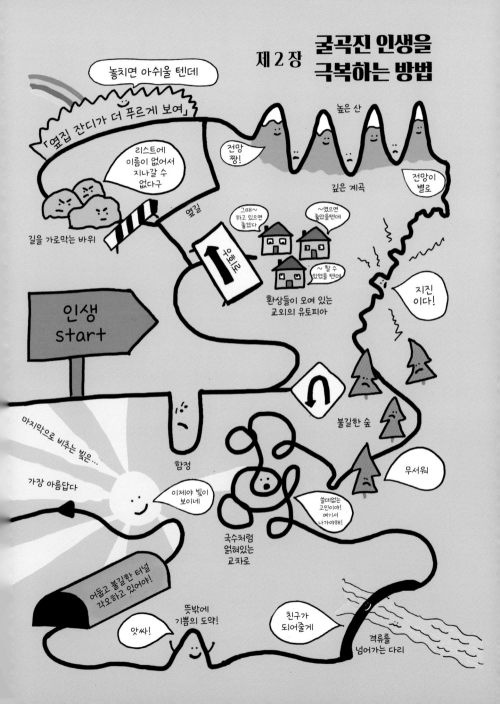

유별난 시련이나 별탈 없이 인생을 사는 것은 대단히 운좋은 사람들이다. 세상을 살다 보면 예고도 없이 불행한 일이 생긴다. 높은 산을 넘어가면 계곡을 만나듯이, 가끔은 옆길로 빠지거나 유턴을 반복하는 것이 인생이다.

때로는 심히 굴곡진 이 길에서 어떤 감정이 끓어오르더라도 가능한 한 방향타를 잘 잡고 절충하는 방법을 몸으로 익혀야 한다. 아무리 필사적으로 진로를 제어하려고 해도 예상 외의 방향전환이나 장애물, 막다른 길에 직면할 수도 있다. 심지어 자연재해까지 입기도 한다. 즉, 인생의 여행길에서 스트레스는 늘 동행한다고 해도 과언이 아니다.

스트레스가 반드시 나쁜 것만은 아니지만, 그렇다고 방치해 두면 점점 누적되어 실제 감정들이 한계치에 도달하는 경우가 있다. 이럴 경우 머리는 스트레스로 가득 차, 복잡해지고 혼란스러워지면서 갈 곳을 잃기도 한다.

제2장에서는 「용량을 측정하는 컵」을 활용하여 스트레스를 파악한 뒤, 관리유지(maintenance)하는 방법을 찾아본다. 나아가 일상에서 뜻하지 않게 생기는 불편한 스트레스를 생활 이벤트(Life Event)로 극복하는 도구도 소개하겠다.

TOOL 4

감정의 용량을
파악한다

홍차 한 잔을 우려보자. 컵은 맘에 드는 걸 사용해도 좋다. 홍차를 좋아하지 않는다면 맥주잔이나 길쭉한 잔이라도 상관없다. 그렇다고 에스프레소 잔이나 너무 작은 잔은 곤란하다. 준비 되었으면 의자에 기대어 '마음 편히 앉아서 마시면 되겠지' 라고 생각하겠지만, 잠깐만…!

그 전에 컵을 잘 보고 다른 각도에서 생각해 보자.

컵 안쪽 공간을 떠올려 보면, 컵 용량은 한정적이어서 용량 이상으로 담으려다간 넘쳐날 것이다.

그 컵은 **당신의 감정 용량(Capacity)을 상징한다.** 당신의 「커패시티 컵(Capacity Cup)」인 것이다.

누구든지 감정의 용량에는 한계가 있어서 **뭔가를 할 때마다 컵의**

빈 공간은 줄어들 수밖에 없다.

누구나 겪는 사소한 일이라면 약간의 용량밖에 채우지 못할 것이다. 맘껏 뛰어다니는 두 아이를 신경 쓰는 일은 많은 에너지가 필요하기 때문에 다수의 용량을 소비한다. 취업면접이나 건강진단 등 스트레스 받는 이벤트가 있을 경우, 신경들은 온통 사전 계획이나 검토도 용량을 소비한다.

모임을 계획하거나 친구를 만나는 등의 즐거운 이벤트마저 작으나마 용량을 잠식한다. 왜, 얼마만큼의 용량을 소비하는 지는 사람마다 제각각이다.

컵 안의 내용물은 대개 조용히 쌓여가기 때문에 불만이 느껴질 때까지 전혀 깨닫지 못하기도 한다.

스트레스를 받는 일은 시간이나 기억, 그 일을 생각하기 위한 뇌작용도 많기 때문에 컵 용량도 다량으로 소비하는 경향이 있다. 경우에 따라서 스트레스를 크게 주는 요인이 발생하는 순간, 컵의 용량은 한 순간에 가득 찰 우려도 있다.

컵 용량의 한계치에 도달하면 감정적으로 바뀐다.

커패시티 컵의 빈 상태를 파악하고 있으면 스트레스 관리가 쉬워진다. 내용물이 컵 위로 올라올수록 비어있는 감정의 용량은 줄어든다. 다시 말하면, 사소한 일로 남아 있던 용량이 다 채워져, 커패시티 컵이 넘칠 가능성이 있다는 것이다.

잠깐 생각해 보자! 컵을 깨뜨렸거나, 우유를 다 먹었는데 사다놓지 않았거나 하는 등 하찮은 일로 말미암아 순간적으로 화가 난 경험이 없었나?

「대단한 일도 아닌데 왜 그런 과잉반응을 보였을까」「평소대로라면 당연히 사다놨을 텐데 왜 까먹었을까」하는 생각이 드는 것도 무리는 아니다. 그때 당신에게는 그 일을 극복할 용량이 부족했는지도 모른다.

컵에 용량이 많이 비어있을 때는 그런 종류의 일로 받는 스트레스가 미미하기 때문에 컵 수위도 아주 조금씩 상승할 뿐이다. 하지만 수위가 높아져 위험수위에 다다르면 스트레스를 받는 상황에 따라 이성적으로 반응하기가 쉽지 않다. 때로는 감정적으로 바뀌거나 계획적인 행동으로 문제해결이 어려워지기도 한다. **한 발 물러서서 냉철하게 생각하고 대처할만한 감정의 용량이 없는 것이다.**

감정의 커패시티 컵

EXERCISE 1
커패시티 컵에 무엇이 들어가 있나?

69페이지에 당신의 컵 그림을 그리고, 나아가 내용물을 채워보자. 지금 당신의 **감정 용량을 소비시키고** 있는 것을 컵 바닥에서부터 순서대로 적어 넣는 것이다. 자신한테 용량 소비가 큰 것부터 순서대로 적어나가면 된다. 모든 것이 대상이다. 누군가를 걱정하는 기분, 미래의 이벤트 계획, 일이나 육아 등과 같은 일, 빈 속이나 갈증 등등.

컵 내용물을 하나씩 적어갈 때마다 컵이 어느 높이까지 채워졌는지 알 수 있도록 일일이 가로선을 긋는다. 그 내용물이 하나당 어느 정도의 용량을 소비하는지는 개인의 주관에 따라 다르다.

어떤 사람은 높이가 조금씩 올라갈 것이고, 또 어떤 사람은 빠르게 올라가기도 할 것이다. 같은 일이라도 때와 경우에 따라서 감각의 높이가 달라진다. 예를 들어 오랫동안 장기 근속을 했다면 그로 인해 평소보다 많은 용량을 소비한 것이다.

개중에는 평소의 일을 적으려고 할 때, 이미 컵에 상당히 채워진 사람도 있을 수 있다. 가령 병에 걸렸다면 그 자체로 용량을 소비할 것이다. 또 그 병으로 인한 고통이나 피로감도 컵에 들어가 있을 것이다. 중요한 것은 「자신이 원래부터 사용할 수 있는 용량은 한정적」이라고 인식하고 그것을 그대로 받아들이는 것이다. 그런 다음 우선 순위를 생각하면서 나머지 용량을 유효하게 활용할 수 있게 된다.

컵 안에 자신만의 내용물을 다 채웠는지 보자!

컵에 얼마나 채워졌을까?

빈 용량은 어느 정도나 될까?

감정의 용량 대부분은 의외의 것들로 채워져 있지 않는가? 그 결과에 따라 곰곰이 생각해 보자.

부부끼리 또는 친구끼리 서로 대화를 주고받는 것도 좋을 것이다. 자신의 커패시티 컵 용량을 자각하고 그 내용물과 채워진 상태를 이해하면, 용량을 계획적으로 사용해볼 생각이 들고, 용량이 가득차기 전에 손을 쓸 수 있을 것이다.

당신만의 커패시티 컵을 채워보자.

EXERCISE 2   「레드 존 일보직전」 사인(Sign)을 알아야 한다

커패시티 컵의 내용물이 가득 차오르면 이성적이지 못한 반응이 나타난다. 사고의 유연성이 작동하지 않기 때문에 화가 자주 날 수도 있고 감정이 격해져 매사에 감정적으로 반응하기 쉽다.

사전에 방지하기 위한 요령은 「컵이 차고 있다」는 사인(Sign)을 알아차리는 것. 이상적으로 말하자면 레드 존에 도달하기 전, 옐로 존에 있는 동안에 그 사인을 파악하여 컵이 넘치는 것을 막아줘야 한다.

컵이 차고 있다는 사인은 사람에 따라 다르게 나타난다. 예를 들어, 어깨에 힘이 들어간다면 호흡이 평소와 다르다. 그리고 스트레스를 느낀다거나, 정신적으로 쫓긴다거나, 차분해지지 않는다. 또한 상황에 대응하지 못한다고 느끼는 것도 자주 있는 사인이다.

먼저 73페이지의 일러스트를 보고 레드 존에 있을 때(즉 넘칠 위험이 있을 때) 자신에게 어떤 사인이 나타나는지를 생각해 보고 적어본다. 또 실제로 넘쳤을 때는 어떻게 될지에 관해 거품 안에 적어보기 바란다.

이어서 지금 자신이 그린 존에 있는지, 순식간에 레드 존으로 진입할 수 있는 옐로 존에 있는지를 파악하고, 이를 위한 실마리를 찾아보기 바란다. 옐로 존에 있다면 그것은 「자신의 용량을 생각해 보고 컵이 넘치지 않도록 용량을 관리유지하는 방법을 생각하라」는 사인이다.

자신이 어떤 경계 수준에 있는지를 아는 것은 감정을 정리하는 힌트가 될 수 있다. 예상 밖의 행동이나 본인답지 않은 대처를 한다면 혼란스러워 힘든 경우도 있을 것이다.

예를 들어, 사소한 일로 아이들을 꾸짖었는데 아이들은 정작 이유도 모르고 "엄마 왜 그러시지?"라고 할 때, 정작 자신도 '왜 화를 냈을까' 하고 자책해 본 경험이 있을 것이다. 이때 한 발 물러서서 그때의 감정 용량을 파악하고 경계 수준을 확인해 보면 모든 것을 납득할 수 있다.

그 날은 아침부터 바쁘게 일하다 서둘러 학교로 가서 아이들을 픽업하고 돌아오다, 상대방의 난폭 운전으로 말미암아 마음의 여유가 전혀 없었다. 훨씬 전에 이미 레드 존에 돌입한 상태라 언제 컵이 넘쳐도 이상하지 않은 상태였던 것이다. 그 결과 평소 같으면 그냥 넘어갔거나 화내지 않았던 것이 한계 용량을 초과해 버렸던 것이다.

벌어진 일은 돌이킬 수 없지만 **자신의 감정 용량을 알아차리면 어떤 일이 일어났는지는 이해할 수 있다.** 사전에 사인을 파악하면 다음에는 다른 대응을 할 수 있을 것이다.

감정의 용량을 유지관리하는 방법

기분이 내키지 않거나 스트레스가 쌓이고, 너무 무리한다는 생각이 들 때는 자신의 옐로 존 사인을 금방 알아차린 것이다. 즉, 용량의 한계가 가깝다는 의미이기 때문이다. 바로 대책을 세워야 한다. 지금부터 컵이 가득 차 「넘쳐버릴 듯」하기 전에 용량을 유지관리하는 방법 3가지를 소개해 보겠다.

(1) 과감히 버린다.

컵에서 꺼낼 수 있는 것은 과감히 버린다. 버릴 만한 것은 없을까? 같은 일을 더 즐겁게 하는 방법은 없을까? 누군가에게 도움을 받을 수는 없을까?

우리는 개인 사물을 처분하는 일에 망설이기 마련이다. 「모두 다 소화해야 한다」「소화해 내지 못하면 열등」하다고 느끼기 때문이다. 하지만 컵에서 뭔가를 꺼내는 것도 적극적인 유지관리의 한 종류이다. **중요한 일에 더 많은 시간과 노력을 할애할 수 있게 된다.**

(2) 단호하게 거절한다.

지금이야 말로 "노-!"라고 말할 때다. 한계에 접근하고 있다면 가능한 한 컵이 차지 않도록 해야 한다. 새로운 일을 맡기 전에 컵 용량이 넘치지 않겠냐고 본인에게 자문하기 바란다.

물론 언제나 거절한다는 것은 있을 수도 없고, "노-!"라고 말하기도 쉬운 일은 아니다. 하지만 적절히 사용해야 할 중요한 스킬이다.

(3) 자신을 위한 시간을 갖는다.

자신을 위해서 시간을 사용하는 것은 한가롭게 보이고, 「바쁜데 그렇게 했다가는 더 감정의 용량이 줄어들지 않을까」라고 소심한 생각이 들지도 모른다.

업무 일정이 너무 빡빡해 점심을 놓치는 일은 전형적인 사례이다. 하지만 **자신을 소중히 여기면 스트레스가 줄고 뇌에 여유가 생기기 때문에 오히려 용량은 늘어난다.** 「컵에 남은 내용에 대해 여유롭게 대처할 수 있게 되고, 스트레스도 줄어든다」는 인식을 통해 수면과 식사는 적절히 확보해야 한다. 또 짬짬이라도 휴식을 취하면서 기분을 전환하겠다는 마음가짐을 갖도록 한다.

TOOL 5

괴로운 상황으로부터
자신을 지킨다

인생이라는 여행길에서 크고 작은 삿대질에 맞닥뜨리는 일은 피할 수 없다. 필시 상당한 영향을 미치는 여러 난관에 부딪힐 것이다.

어려운 상황을 겪어본 적이 없었던 사람은 「나한테는 고난이 찾아오지 않을 것」이라고 착각 속에 살아가는 경향이 있다. 그러나 실제로 곤란한 상황에 닥쳤을 때는 더 큰 충격을 받게 된다.

반면에 어려운 상황을 체험한 사람은 그 상황이 재발할 것 같은 예상마저 반응을 보이기도 한다. 자신을 지키기 위해서 뇌는 항상 징후를 의식하는 것이다.

하지만 스트레스를 받는 가혹한 라이프 이벤트가 발생하면 그 상황을 뇌가 해명하려는 과정에서 아무래도 괴로운 감정이 일어난다.

병이나 소중한 사람과의 이별 등 통상적인 라이프 이벤트라고 할수 없는 가혹한 상황이 발생하게 되면 우리는 누구라도 괴로워한다.

하지만 그런 사실을 알고 괴로운 감정을 이해한다 하더라도 기분은 편해지지 않는다. 괴로운 것은 힘든 일이기 때문이다.

그래도 그 이상의 **기분이 악화되는 것을 방지**하는 데는 다소나마 도움이 될 수 있다.

당사자 나름대로 스트레스 대처법을 준비해야

스트레스를 받는 라이프 이벤트에는 변화가 수반되므로 그 변화에 적응하면서 익숙해질 필요가 있다. 만약 인생의 진로가 변화될 경우가 있더라도 가능한 한 효과적인 방법으로 새로운 진로를 걸어갈 수 있어야 한다. 일상적인 변화로만 그치지 않고, 다가올 미래가 바뀔 우회도로가 필요할 상황도 많을 것이다.

어려운 상황으로 인해 자기 자신의 근본부터 흔들리는 경우도 있다. 독자성(identity)이나 자기 나름의 스트레스 대처법, 때로는 인생의 지침이 될 만한 신념마저도 의심스럽게 된다.

그래서 당신의 스트레스 대처법은 지금까지 몸으로 익혀온 처세술이 **세상을 살아나가는 기반**이 되는 것이다. 그것을 사용하여 자신을 지키면, 인생에 던져진 삿대질로부터 자신을 지킬 수 있다.

스트레스 대처법이라는 「방호벽」을 쌓아 여느 때보다 조금 더 케어가 필요할 때 활용하도록 하자. 지금까지 했던 스트레스 대처법이 새로운 환경에서 먹히지 않는다면 그 **환경에 맞도록 대처법을 바꿀 필요**도 있다.

EXERCISE 1
스트레스 대처법을 적어본다

스트레스가 너무 커지면 자신만의 세계로 들어가고 싶어진다. 때로는 내면으로 들어가는 것이 올바른 스트레스 대처법이 될 수도 있다.

마음의 용량이 가득 차 어떤 식으로든 쉬고 싶을 때가 그렇다. 하지만 그렇지 않을 경우에도 자신만의 세계로 빠져버리면 스트레스는 증가되기 마련이다.

어딘가에 틀어박히는 일은 **스트레스를 포기하고 마음의 용량을 방치하는 것과 동일한 것**이기 때문이다. 이때 약간의 노력이 필요하다. 「내면」으로부터 빠져나오는 것은 요지부동하는 것보다 자신을 위하는 일이라고 생각해도 좋다.

그렇지만 분주한 일상을 살다 보면 스트레스를 대처하기에 충분하지도 못하다. 이럴 경우 **조금 더 편한 방법으로 효과를 느낄 수 있는 「절충안」을 찾는 것**이 바람직하다.

운동이 기분전환이 된다고 한다. 그러나 헬스클럽에 가는 것도 망설여진다면, 가벼운 걷기부터 시작해 보자. 주변 사람들과 상담하고 싶지만 선뜻 만나기가 여의치 않다면, 신뢰한 친구하고만 이야기를 나눈다든가, 이마저 주저된다면 메시지로라도 주고받는 방법은 어떨까? 스트레스 대처법을 최대한 활용하고 싶다면, 방식을 조금 바꿔봄으로써 효과를 조금이라도 얻을 수 있지 않을까?

어떤 일이 당신을 지키는 울타리인지 다음 일러스트에 적어본다. 스트레스를 받는 라이프 이벤트가 일어났을 때 어떻게 대처할 생각인가? 스트레스로 압박 받을 것 같은 상황에서, 지금 그림에 기입한 일러스트를 보고 효과적인 방법을 찾아 대처하도록 하자.

당신을 스트레스로부터 지켜 주는 「울타리」는 무엇인가?

켜켜이 쌓은 블록에 적어본다.

**엉켜버린 뇌를 정리하고
자신의 감정을 특정한다**

　규모가 큰 라이프 이벤트를 맞닥뜨리면 감정의 용량이 단번에 「한계」에 도달한다. 그러면서 감정은 마치 실타래처럼 엉켜버린다. 뇌는 두서없이 강렬한 감정과 몸의 변화에 사로잡힌 나머지 대처할 의욕을 내팽개치거나 과민하게 반응하기도 한다. 때로는 반대로 둔 감해지는 경우도 있다.

　잠시 물러서서 생각할 여유가 없으므로, 「내가 할 수 있는 일은 아무 것도 없다」고 느끼거나 망설이게 된다. 이것이 자연스런 반응이라는 걸 알아차리지 못하고 자신을 책망할 수도 있을 것이다. 자신을 바라볼 여유가 있다면 그것을 정당한 감정이라고 받아들여 괴로운 자신을 위로해 줄 수도 있다. 하지만 그러지 못하고 자신을 책망하기 시작하면 기분은 더더욱 악화될 뿐이다.

　다음 훈련 문제를 통해 자신의 감정과 그 이유를 파악하는 계기로 만들어보자. 훈련문제의 목적은 감정을 배제하자는 것이 아니다. **감정과 감정의 요인을 알아보자는 것이다.**

　바꿔 말하면 감정을 자기 평가로 연결한다거나 자신을 책망한다는 것이 아니라, 한 발 물러서서 객관적인 사실인 라이프 이벤트와 대조하면서 감정을 파악하자는 것이다.

1. 다음 페이지 일러스트에 당신의 마음을 뒤덮고 있는 것, 당신의 머리 속에 들어 있는 것들을 전부 적어보기 바란다. **감정, 사고, 고민, 일상의 할 일** 등등 무엇이든 상관없다.

　그것을 실 끝의 풍선에 하나하나 적어나간다. 이것은 「브레인 덤프(Brain Dump)」라고 해서, 뇌 안의 모든 것을 종이로 출력하는 작업이다. 생각나는 것을 하나도 남김없이 적기 바란다.

2. 이 훈련 문제의 주요 목적은 감정을 말로 표현하는 것, 뇌에서 엉켜버린 것들을 확실히 설명할 수 있도록 하자는 것이다.

　또 뇌 안의 내용물을 파악하면 어떻게 대처할지 계획을 세우기가 쉬워진다. 바로 실행할 수 있는 조그만 대책이 바로 떠오를 수도 있고, 이 책 말고 다른 도구가 도움이 될 수도 있다.

뇌 안에 들어차 있는 것은 무엇인가?

자신을 케어하는데 힘을 쏟는다

    스트레스가 쌓여 한도에 도달하면 극도의 불안상태에 빠져 스스로 상황을 통제하기 힘들다고 방치해버리는 경우가 있다. 그 결과 자신을 케어할 마음이 없어져 점심을 건너뛴다거나, 휴식 없이 일만 한다거나, 취미 활동을 하지 않는 상태에 빠지기 쉽다.

    그러면서 손쉬운 해결책에 의존하는 경우가 많아진다. 또 커피나 술을 마시는 양도 평소보다 많아진다. 식사량도 늘어나고, 에너지를 보충하기 위해서 단 음식이나 탄수화물을 찾게 된다. 특별히 갖고 싶은 것도 아닌데 시간만 나면 온라인 쇼핑의 구매 버튼을 누르기도 한다.

    어떤 경우든 그것 자체가 나쁘다고 할 수 없다. 반대로 단기적으로는 안도감을 얻기도 하기 때문에 그것은 그대로 가치가 있다. 하지만 장기적으로 보면 의존상태에 빠질 가능성이 있으므로 조심할 필요는 있다. 따라서 지속가능한 해결책을 찾는 것이 좋은 방법이다.

시간을 낭비한다고 생각할지 모르지만, 사실 스트레스가 많아질수록 자신을 케어하는 마음만 먹으면 감정의 용량이 커지면서 괴로운 상황을 극복하기가 조금이나마 쉬워진다. 적어도 자신의 케어는 마음만 먹으면 충분히 가능하고, 스스로 통제하기도 그나마 쉽다.

따라서 아침을 건너뛰지 말고 간밤에 고민한 방법도 고려해 보자. 또 다음 날 아침에 갖고 나갈 물통의 내용물도 채워두자. 점심 식사 후에는 15분 동안 걸어보자. 기본으로 돌아가 자신을 케어하겠다는 생각으로 기초를 정리하는 것이다.

이런 조그만 습관은 조금씩 그리고 지속적으로 효과를 발휘한다. 괴로운 감정이나 스트레스가 큰 상황을 해결해 주지는 못할지라도 악순환을 끊어 자신을 지탱하고 지켜줄 수는 있다. 비교하자면 물에 뜨게 하는 부표와도 같은 것이다.

자신을 조금 더 케어할 수 있는 방법을 찾아보자.

좋은 습관을 중단하고 있지 않은가? 너무 스트레스를 받아 피로에 지쳐 별로 이롭지 않은 습관에 젖어 있지는 않는가?

일러스트 부표에 더 이상 가라앉지 않도록, 소소한 행동들을 적어보자. 괴로울 때는 이 부표를 기억하고 자신에 대한 케어를 잊지 말자.

괴로운 상황에서
더 이상 포기하지 않도록 한
소소한 행동들은 무엇?

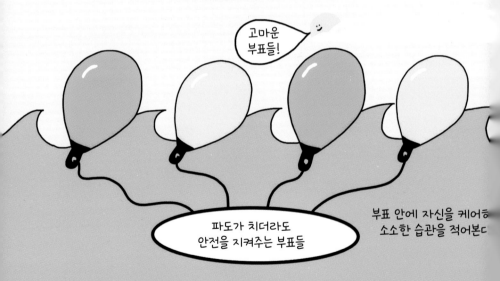

고마운 부표들!

파도가 치더라도 안전을 지켜주는 부표들

부표 안에 자신을 케어하는 소소한 습관을 적어본다

제 3 장

감정의 정체를 알고
적절히 대처한다

감정이 만들어지는 곳

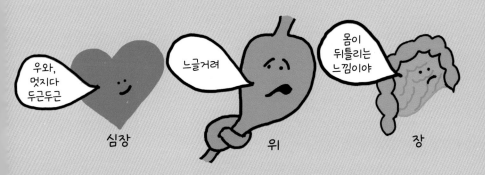

자신이 어떤 감정으로 체험을 하고 깨닫는 것은 바로 인간이다. 당신이 누구이든, 어디에 있든, 무엇을 하든지 간에 감정은 당신이라는 탈것에 동승하여 늘 붙어다닌다. 그뿐만 아니다. 가야 할 길을 온전히 리드해 나가는 경우도 부지기수이다.

감정은 우리들 인생의 절정기를 같이 보내면서 더 없는 기쁨이나 행복에 젖도록 지원해주고 있다. 한편, 인생 최악의 슬럼프일 때도 동행하면서 슬픔과 한탄, 절망으로 물들인다.

우리는 감정이라는 인자 때문에 하늘을 나는 듯한 느낌을 갖기도 하고, 인생의 즐거움을 맛보기도 한다. 위험을 피했을 때는 두 팔 벌려 감정을 환영하기도 한다. 하지만 그렇지 않을 경우「간섭하지 말고 냉큼 사라졌으면 좋으련만…」이라고 말하고 싶을 경우도 있을 것이다.

감정은 변하기 쉬울 뿐만 아니라, 때로는 예측이 불가능하므로 성가시고 복잡하지만 우리 안에서 이것을 떨쳐버릴 수 없다. 우리와 감정은 뗄레야 뗄 수 없는 존재인 것이다.

제3장에서 감정의 정체를 알아보면서, 자신의 감정과 처리방법을 이해하는데 도움이 될 만한 사고방식을 소개하겠다.

TOOL 6

자신의 감정을
인식하고, 수용하고, 이해한다

누구나 감정을 갖고 있으며, 인간이라면 그것을 피할 수 없다. 그런데 심한 불쾌감이나 고통을 불러오는 성가신 감정은 뭣 때문에 뇌에 들어 있는 것일까?

감정의 구조를 이해하면 자신의 감정을 파악할 수 있다. 따라서 그 지식은 자신을 케어하는데 도움이 될 수 있다.

감정은 마음이나 몸의 감각에서 만들어진다.

먼저 속설 한 가지를 바로잡겠다. 「감정은 모두 마음으로부터 나온다」는 말이 있는데, 이것은 올바른 표현이 아니다. 감정은 몸에서 만들어지기 때문이다. 감정의 뿌리를 따라가다 보면 생리적인 몸의 감각에 도달한다. 목구멍의 불편함, 심장의 고동, 화끈거리는 얼굴 등, 어떤 것도 결심하고 나타나는 증상이 아니라 현실에 대한 몸의 자각이다. 때문에 감정이라는 것은 그런 감각을 「어떻게 느끼느냐」, 즉 「느끼는 방법」인 것이다. 몸 안에서 만들어지지만 느끼는 모든 것이 감정만은 아니다.

몸의 감각에는 예를 들면 배고픔이나 괴로움, 소대변 배출의 욕망, 포만감 같은 것들이 있다. 기분이 상쾌하다고 느끼는 감각이 있는가 하면, 불쾌하다고 느끼는 감각도 있다. 진정계통 감각도 있고, 자각계통 감각도 있다.

당신의 몸이 감각을 느끼면 뇌는 대처방법을 세워 그것을 인지하려고 한다. 이것은 무엇을 의미하는가. 허기가 진 것인가, 목이 마른 것인가. 고통일까, 사랑일까. 걱정일까, 기쁨일까 등등을 생각한다. 사실상 「몸 안에서 대체 어떤 일이 일어나고 있는 거지? 나는 어떻게 대처해야지?」라고 뇌는 말한다.

즉 뇌는 「어떻게 느끼냐?」에 따라 끊임없이 반응하며, 그 느낌의 일부를 사람은 「감정」으로 분류하는 것이다.

뇌와 몸은 같이 움직이면서 서로 영향을 끼친다.

몸은 쉼 없이 움직인다. 즉 몸의 감각이 느끼는 정도는 항상 변화하는 것이다. 뇌와 몸은 연동하면서 서로 의사를 주고받고, 자고, 먹고, 상처를 치료하고, 에너지를 효과적으로 사용하며, 환경에 반응한다. 이런 일이 가능한 것은 몸에서 받아들인 감각을 뇌가 감지하고 해석하기 때문이다.

또 뇌는 당신의 욕구를 예측하면서 몸의 감각을 만들어내기도 한다. 몸 안팎의 환경이 바뀌어도 몸 상태가 안정되도록 균형을 유지(이런 작용을 '항상성恒常性'이라고 한다)하면서 당신의 몸은 적절히 기능하도록 하는 것이다.

사람이 자각할 수 있는 것은 몸의 감각의 일부, 특히 갑자기 변화가 왔을 때의 감각을 느끼는 것이다.

마음이 몸을 분석하고 이해한 것은 「감정」

감정은 호흡이나 통증, 체온, 심장박동, 위장의 움직임 등과 같은 생리적 상태에 관한 감각과 느낌을 인지하기 위한 복합적 개념이다. 감정으로 그 자체를 이해하면 감정을 의식하고 한 발 물러서서 바라봄으로써, 몸의 감각과 거리를 두고 차분히 생각한 다음 반응하게 된다.

즉 「감정은 모두 마음으로부터 나온다」가 아니라 정확하게는 「감정은 마음이 분석한다」는 것이다. 흔히들 기력으로 체력을 커버하는 것을 「마음이 몸을 앞선다」고 말한다. 그 표현은 한마디로 「마음이 몸을 이해한다」가 된다.

감정에 대한 반응 방식은 바꿀 수 있다.

감정은 뇌 기능의 중심적 역할을 한다. 의사결정, 기억, 언어, 인간관계 설정, 타인과의 의사소통과 이해를 도와준다.

우리는 어떤 느낌이냐에 따라 「긍정적인 감정」이나 「부정적인 감정」으로 분류한다. 그러나 감정은 살아있는 감각의 세계를 이해하려는 뇌의 시도에 지나지 않는다.

몹시 당황하고 실망스런 일들이 음습하는 감정 따위는 아예 상상하고 싶지 않다. 하지만 이런 감정이라도 스스로 통제하고 대처법을 찾아냄으로써 당신에게 좋은 감정을 만들어 낼 수 있다.

뇌는 완벽하지 않다. 규칙성을 찾아내 빠르게 반응하려다 감정을 오인할 때도 있다. 그러면 우리는 감정에 쫓기게 되고 때로는 잘못해 엉뚱한 길로 빠지기도 한다.

그렇다면 감정이 애물단지 같지만, 괜찮은 측면도 있다. 감정이 진행된 끝은 결정적이지 않다는 것이다. 즉 감정은 학습의욕이 충만하여 열공하는 학생처럼(학습에 상당한 시간이 소비될 때도 있지만), 감정이나 감정에 대한 반응 방식도 바꾸려고 생각하면 바꿀 수 있다.

그러므로 지금부터 훈련문제의 목적은 감정을 없애는 것이 아니다. 감정을 병에 채워 쫓아내려고 하면 할수록 갑자기 튕겨나올 수 있기 때문이다. 훈련문제의 진짜 목적은 감정을 이해하고 상황을 파악하기 위한 시초로 인식해야한다. 감정이 발생했을 때 가장 효과적으로 반응하는 방법을 생각하고 감정을 살려서 목표를 달성하는데 있다.

우리 안에 있는 「감정을 이루는 가족」을 소개한다.

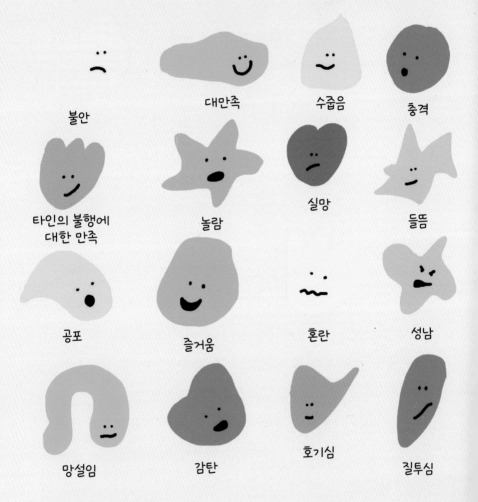

불안

대만족

수줍음

충격

타인의 불행에
대한 만족

놀람

실망

들뜸

공포

즐거움

혼란

성남

망설임

감탄

호기심

질투심

EXERCISE 1 　감정의 온도계로 느끼는 강약을 측정한다

　우리의 몸은 감각의 미세한 변화까지 모두 파악하지 못한다. 큰 소리에 바로 반응하는 것처럼 아무래도 격렬한 느낌 위주로 반응하기가 쉽다. 평소부터 느낌에 대한 감도를 높여두면 자신의 느낌과 그에 따른 감정을 쉽게 이해하게 된다. 필연적으로 대처하는 방법도 적절하게 판단하기에 이른다.

　96페이지 「감정의 온도계」를 사용하여 당신이 지금 느끼고 있는 몸의 감각이나 감정의 정도를 적어보자.

　온도계는 위로 올라갈수록 느낌이 강하다는 것을 의미한다. 주관적으로 해당되는 눈금에 느끼고 있는 것을 적어보기 바란다(다음에 소개할 훈련문제2를 병용하는 것도 효과적이다).

　감정은 하루 동안에도 수시로 바뀐다. 때문에 하루에 몇 번이고 느낌을 체크하던가, 잠자기 전 그날에 느꼈던 것을 돌아보기 바란다.

간혹 자신의 느낌을 이해하려는 시점일 때 감정의 온도계를 활용해 보면 좋을 것이다. 한계에 다다랐음을 느낄 때나, 분석하고 싶은 격렬한 감정을 가졌을 때 특히 도움이 될 것 이다.

당신의 감정을 온도계에 적어본다.

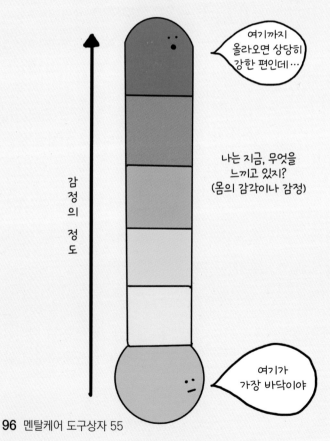

여기까지 올라오면 상당히 강한 편인데…

나는 지금, 무엇을 느끼고 있지? (몸의 감각이나 감정)

여기가 가장 바닥이야

감 정 의   정 도

감정에 이름을 붙인다

감정에 대한 강도와 이해도가 높을수록 스스로 잘 통제하고 효과적으로 반응할 수 있다. 가능한 한 감정을 미세한 가루로 만드는 것, 즉 정밀하게 정의하고 이해하는 것을 「감정의 미립화」라고 한다.

「좋다 · 나쁘다」「즐겁다 · 슬프다」와 같이 평이한 표현으로 그치지 않고, 느낌을 더 정확하게 표현하며 이해할 수 있는 말로 하는 것이다. 감정에 이름을 붙여서 느낌을 개념화하면 감정을 이해하는데 도움이 되고, 감정과 자신 사이에 틈새가 생기기 때문에 쉽게 감정에 휩쓸리지 않는다.

그런 차원에서 「감정에 이름붙이기」 게임을 해보자. 94페이지 일러스트를 시작으로 자신의 내면에 있는 감정을 적어보기 바란다. 시점은 자유이지만 격렬한 감정이나 이해하기 난해한 감정에 휩싸였을 때 특히 효과가 있다.

감정을 어떤 말로 표현할지는 당신의 자유이다. 자신이 알고 있는 단어이든, 어디서 주워 들은 단어이든, 자신의 감정을 정확하게 표현하는 원초적 단어도 상관없다. 다만 감정은 한가지 형태로 다가오지 않는다. 여러 가지 감정이 동시에 몰려오는 경우가 대부분임을 잊지 않기 바란다. 다음 질문에 따라 생각해 보자.

Q 나는 어떻게 느끼고 있지?

Q 이 감정은 지금 어떤 욕구를 전달하려는 거지?

Q 이 욕구를 채우기 위해서 할 수 있는 것은 뭐지?

Q 이 감정에 효과적으로 반응하려면 어떻게 하면 좋지?

싫은 감정을
받아들이기 위한 4가지 스텝

불쾌감이나 스트레스는 즐거운 일이 아니다. 경우에 따라서 공포로 다가오거나 위협감으로 느끼기도 한다. 그러므로 우리는 그 감정을 지우거나, 침묵하거나, 피하려고 한다.

하지만 그렇게 하면 역효과가 날 수도 있다. 대개의 경우 악몽이나 몸의 감각, 심하게 되면 병이라는 형태로 바뀌어 몸으로 침범하기 때문이다. 종국에는 바라든 바라지 않든 감정은 발생한다.

거기에 얄궂은 것은 감정을 억누르다 보면 생리적인 스트레스 반응이 오히려 강해진다는 연구결과도 있다.

감정을 「통제하기 힘들고 무서운 존재」로 받아들이지 말고, 정확하게 인식하고 이해하는 편이 제대로 처리하기가 쉽다.

이것은 즉 「기분을 개선하려면 먼저 불쾌한 생각을 해야한다」고 말하는 것처럼 직감적으로 이해하기 어려울 수도 있다. 싫은 감정을 봉인해 둘게 아니라 인식하고 수용하고 이해해야 한다. 그러는 편이 싫은 감정을 훨씬 더 조절할 수 있다.

한 가지 주의할 점이 있다. 오랜 기간 싫은 감정을 묻어 온 사람이 감정을 풀고 마주했을 때, 마음이 심하게 요동치거나 격정에 사로잡힐 수도 있다.

편안한 사람이 있다면 오붓한 장소에서 대화를 나눠보길 바란다. 의료전문가나 카운슬러 등과 상담하면서 감정 해소를 하는 방법도 좋을 것이다.

그러면 싫은 감정과 다투는 것을 멈추고, 마주하고 수용하는데 도움이 될 만한 4가지 스텝을 소개하겠다.

스텝1. 몸 안의 감각을 파악한다.

그 감정은 몸 안 어디에서 생겼나? 어떤 느낌이 드는가?

스텝2. 깊은 호흡을 하면서 그 감각을 있는 그대로 느끼고 관찰한다.

천천히 깊게 심호흡을 하게 되면 심신을 안정시키는 몸의 반응을 알 수 있다.

스텝3. 몸 속 감각의 존재를 받아들인다.

좋거나 나쁘다는 등의 평가를 내리지 말 것. 감각이 바뀌면 바뀌는 대로 맡기고, 바뀌지 않더라도 그것으로 충분하다. 어떻게 느끼는 지를 무시하거나 밀어내려고 하지 말고, 관찰하고 받아들인다.

스텝4. 격언을 생각해 낸다.

지금까지 해온 습관대로 느낌을 평가한다거나 고민이 될 것 같으면, 「그렇게 느끼는 것도 괜찮지 않을까」라고 생각이 날 때, 다음과 같은 격언을 떠올려 본다.

「이것은 단순히 일시적 몸의 감각으로, 몸과 뇌가 나의 욕구를 최대로 충족시키려는 증거이다」

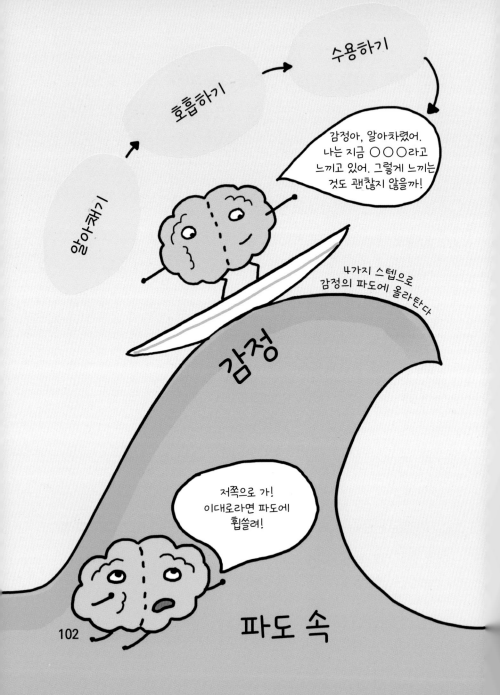

TOOL 7　　감정이 사고나 행동에 영향을 끼치는
사이클을 이해한다

감정이 솟구치면 어떤 반응이 나타난다. 반응하지 않는 방식마저
도 반응의 한 종류이다. 반응 방식은 중요하다. 어떻게 반응하느냐
에 따라 그 감정을 품는 것이 유의미한 경우도 있고, 반대로 마음에
해를 끼치는 사이클이 나타날 수 있기 때문이다.

여기서 「감정의 사이클」이라는 개념을 사용하면서, 감정으로 어
떤 반응이 일어나는지, 한편 감정이 어떻게 바뀌는지를 살펴보겠
다.

느낌은 1일, 1주일, 1년 사이에 시시각각으로 바뀐다. 우리는 좋은
느낌이나 나쁜 느낌, 그 중간 모든 단계의 느낌 사이를 날마다 너울
거린다.

몸의 느낌은 자각 없이 아주 담백하게 조정하고 개선할 수 있는

경우가 상당히 많다. 아주 단순한 사례로는 공복을 느꼈을 때 음식물을 먹는다거나, 힘이 없을 때 카페인을 섭취하는 경우들이다.

심리적 느낌, 즉 감정도 자연스럽게 조정되는 것이다. 지루함을 느끼면 휴식을 취하거나, 더 재미있는 일을 찾을 것이다. 하루 종일 고된 노동으로 인해 피곤해진 저녁 무렵에는 소파에 기대어 잔잔한 노래를 들으면서 휴식을 취할지도 모른다.

어떤 방법이든지 간에 그때의 느낌을 인식하고 변경할만한 점을 찾아내, 느낌을 조정하거나 바꿀만한 행동을 취하는 것이다.

감정에 대한 「반응」이 나쁜 결과를 초래하지 않을까?

감정을 깨달았을 때의 반응은 3가지이다. 능동적 반응, 수동적 반응, 무시하려는 반응이다. 어떻게 반응하느냐에 따라 그 다음의 결과가 좋거나 나쁠 수도 있기 때문에, 자신의 반응을 이해하는 것이 중요하다.

또 무의식적인 자동반응으로 항상 하는 패턴에 젖어있지 않는지도 관찰해야 한다. 그런 패턴으로 감정 조절의 필요함을 깨닫지 못하거나, 원만한 조절방법을 몰랐던 경우도 드물지 않다.

다음 페이지의 감정 사이클을 사용하여 감정이 사고나 몸의 감각, 행동에 끼치는 영향을 알아 보자. 반대로 자신의 감정에 어떻게 반응하는지를 사고, 몸의 감각, 행동 3가지 측면에서 바라보고, 그 반응이 어떤 결과를 불러오는지 생각하면 좋을 것이다.

그 대답을 내놓기가 어려울 수 있다. 아주 큰 피자를 단박에 먹었을 때처럼 단기적으로는 좋은 기분이 들 수 있지만, 긴 안목으로 보면 싫은 기분이 들 수도 있기 때문이다.

감정 사이클이라는 구조를 활용하여 감정은 물론이고 자신의 반응 방식을 분석함으로써, 다른 유의미한 반응 방식을 찾아내거나 생각할 수 있을 것이다.

감정의 사이클

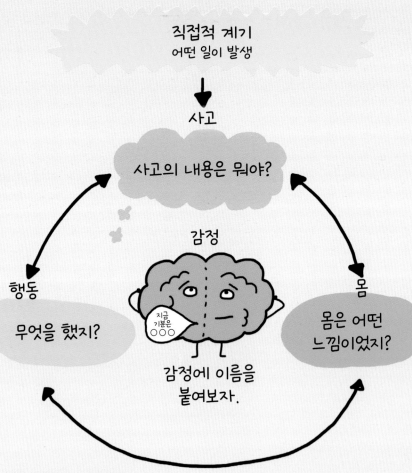

직접적 계기
어떤 일이 발생

사고

사고의 내용은 뭐야?

감정

행동

무엇을 했지?

지금 기분은 ○○○

몸

몸은 어떤 느낌이었지?

감정에 이름을 붙여보자.

감정의 사이클을 활용한다

대체적으로 감정에 대한 반응에는 감정의 선순환을 낳는 것과 악순환을 낳는 것이 있다. 자신의 사이클을 이해하면 악순환에 빠졌을 때 그것을 깨달아 다른 반응 방식을 생각할 것이다.

앞 페이지의 일러스트를 참고하면서 다음 스텝에 맞춰, 당신의 감정 사이클과 반응을 명확하게 한다. 111페이지에 있는 일러스트를 사용하기 바란다(몇 번 사용할 예정이므로, 직접 메모할 사람은 몇 장을 복사해 두자).

당신의 감정 사이클과 반응의 결과는 배출구가 없는 막다른 길인가, 아니면 감정에 잘 대응할 수 있는 길인가?

스텝1 감정(과 그 직접인 동기)을 특정한다.

먼저 「나는 지금 무엇을 느끼고 있지?」하고 물어본 다음, 그 대답을 적어 넣는다. 사용하는 단어는 자유이다. 최악이다, 슬프다, 답답하다, 압박감을 느낀다(오늘 밤에 TV 채널을 선택하는 것은 자신이니까), 걱정(다른 사람들 마음에 들지 않으면 어떡하지) 등등. 당신의 느낌은 개인적인 것이므로 생각나는 단어로 표현하면 된다. 감정의 괄호 안에 그 말을 적어보기 바란다. 잊지 말아야 할 것은 느낌에는 정답도 오답도 없다는 점이다. 당신이 그렇게 느낄 뿐, 그이상도 이하도 아니다. 감정은 없어서는 안 될 것을 아는 이상, 감정을 없앨 의도도 없다. 순수하게 감정에 대한 반응 방식을 이해하기 위해서 감정을 특정해 보자.

그 감정이 무엇에 의해 작동하는지 특정할 수 있다면 자연스럽게 이번에는 직접적 계기 부분에 써넣는다. 반대로 특정하지 못해도 걱정할 필요는 없다. 감정의 직접적 계기가 항상 순조롭게 찾아지는 건 아니다. 이 점에 대해서는 뒤에서 검토하겠다.

스텝2. 사고 - 감정의 배경에 있는 사고를 특정한다.

감정의 직접적 계기가 찾아졌나? 「인스타그램을 보고 있었는데, 모두 나보다 잘 났다는 느낌이 들어서…」라고?

잘 찾아낸 것이다. 당신 감정의 직접적 계기는 인스타그램으로, 그 감정 뒤에는 「모두 자신보다 잘 하고 있다」는 생각이 있었던 것이다. 거기서 더 나아가 「왜 나는 뭐 하나 잘 하는 게 없지?」라는 생각이 파생되었을지도 모른다. 적당하다고 생각될 때까지 몇 가지든 생각을 적어나가 보자.

스텝3. 감정은 몸에 어떻게 영향을 끼치나?

감정을 특정했으므로, 다음은 몸 안의 감각으로 눈을 돌려보자. 현재의 몸의 감각을 적어본다. 얼굴이 화끈한가? 심장이 두근거리는가?

스텝4. 행동 - 무엇을 했는지 되돌아본다.

감정에 대한 반응을 적는다. 인스타그램을 계속 봤는가? 즉 감정의 영향을 계속 받았나? 아니면 기분전환을 시도했는가?

스텝5. 그 반응은 기분 개선에 도움이 되었나?

마지막으로 스텝4의 감정에 대한 반응(행동)에 따라 기분이 좋아졌는지, 반대로 악순환에 빠져 기분이 나빠졌는지 생각해 보자. 감정에 적절하게 반응하면 생활에 대한 영향을 완화시킬 수 있다. 품었던 감정은 조절할 수 있고, 악순환을 끊을만한 감정을 만들어낼 수도 있다.

감정의 사이클

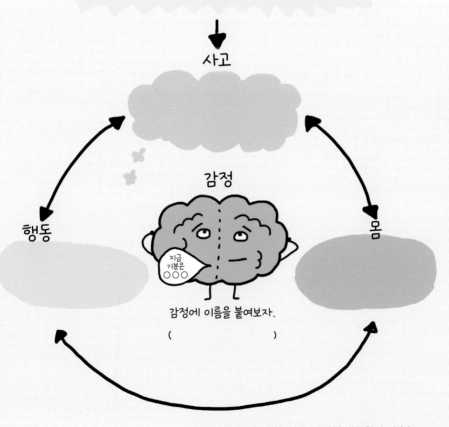

직접적 계기

사고

감정

행동

몸

지금
기분은
○○○

감정에 이름을 붙여보자.

(   )

TOOL 8

네거티브한 감정을 갖는 것이
나쁜 일은 아니다

때로는 여러모로 혹평 받는 불쌍한 존재, 그것이 감정이다. 우리는 감정이 「왜 솟구치지?」라고 책망하면서 싫은 생각을 불러온 감정과 그런 생각을 품은 자신까지도 모욕한다.

하지만 감정을 품는 것은 뇌를 지닌 생물의 숙명이다. 따라서 인간의 숙명인 것이다. 감정을 꾸짖는 것은 화분에 물을 주지 않거나 애완견에 먹이를 주지 않고 날고 싶은 새를 새장에 가두는 것과 똑같다. 우리 자신에게는 「진화를 통해 몸에 익힌 능력을 발휘하지 마」라고 뇌를 꾸짖는 것과 똑같다. 인간으로 살아가는데 빼놓을 수 없는 기능을 사용하지 말라고 자기 자신을 책망하는 것이다. 이것은 뭔가 좀 바보스럽게 생각되지 않은가?

감정과 얽힌 문제는 감정 그 자체가 아니라 감정에 대한 반응 방식에 있다. 원래부터 기분이 좋지 않은데, 이런 자신을 책망하는 것은 고통을 가중할 뿐이다. 불쾌한 감정은 더욱 불쾌한 감정을 부른 다음 또 다시 불쾌한 감정을 일으키는 등 끝없이 악순환은 이어진다. 「이 정도로 괴롭다고 할 수 없다」는 식으로 힘들어 하는 자신을 책망하면서 또 다시 괴로워지는 감정들이 반복될 뿐이다.

감정에 대한 편견이 영향을 끼친다.

감정이 악역 취급을 받는 원인을 이해하는데 해묵은 감정까지 거슬러 올라갈 필요는 없다. 왜냐면 최근 마음의 병은 불분명한 부분도 많았고, 마음의 병 치료는 선뜻 손을 댈 수 없을 정도로 비싸다.

그런 과거의 나쁜 인상은 금방 없어지지 않는다. 아픈 기억은 자신의 감정이나 마음의 건강이 당시 주변 환경에 영향을 끼쳤기 때문이다.

사회에는 감정이나 마음의 건강에 대한 편견은 아직도 많이 남아 있다. 그런 문화적 영향과 개인적 생각이 우리 안에서 마구 혼재됨으로써 감정이나 마음에 대한 우리의 자세, 즉 감정에 대한 반응 방식도 영향을 받고 있는 것이다.

사소한 일로 전전긍긍대는 자신을 책망하다가 다시 겪게 되는 악순환

우리는 감정을 가진 자신을 힐난한다. 「슬프다 – 이런 일로 슬퍼할 만큼 바보 같은 놈이야?」「불안하다 – 평상시와 다를 뿐이잖아!」. 우리는 본격적으로 감정을 와해시키려고 노력한다. 「괴롭지 않아. 괴로운 척 할 뿐!」.

일반적으로 괴로운 상황이기 때문에 힘들어하는 것인데, 감정을 가진 자신이 「괴로운 상황에 잘 대처하지 못한다」거나 「바보 같다」거나 「도움이 안 되는」인간이라고 열등의식을 갖게 된다.

뇌는 그런 비판을 교묘하게 위장하여 유용하고 긍정적으로 대응하기도 한다. 「여기가 고비다」「그렇게 끙끙거리지 마라」「기분을 정리해야」같은 식으로 말이다. 하지만 전향적이란 말은 건전한 표현이고, 우리는 마음속 깊은 곳에서 자신의 감정이나 필자 역시 자기 자신을 계속 폄하시킨다.

  실제로 그런 이야기를 많이 듣는 편이다. 카운슬링에서도 그 점에 주목한 치료를 할 때가 있다. 그 정도로 감정을 주체하지 못하거나 또는 자신의 본질적 결함, 불필요한 부분이라고 해석하기 쉽다. 그 결과 감정의 부정적 파급이 이어지면서 감정은 악화일로를 걷게 되는 것이다.

감정의 부정적 파급

감정에 어떤 의미를 주고 있나?

이제 싫은 기분이 들면 어떤 감정이든지 간에 일단 멈춰 서서 그 감정을 바라보자. 감정의 사이클을 사용하여 그 감정을 이해하고 정의해 보기 바란다.

그것이 되면 다음 단계이다. 자신이 그 감정에 어떤 의미를 주고 있는지를 생각해 보자. 모두 감정을 가진 자신을 책망하지는 않을까? 「이런 식으로 느껴서는 안 돼!」라든가, 「보통은 아니야」라고 생각하지 않을까?

그러한 해석으로 감정은 어떻게 바뀌는지 생각해 보자. 당초의 감정이 악화되어 싫은 기분이 들지 않았나? 그렇다면 그 점이 악순환의 출발점이다. 어떤 감정이 다른 감정을 부르고 또다시 다른 감정을 부르고 있는 무한대의 시작이다.

이런 종류의 사고 패턴은 순식간에 이루어지거나, 오랜 감정 사이클의 일부로 바뀌었으므로 제거하기 어려워진다. 하지만 그 사고 패턴을 찾아내 뇌 안의 은신처로부터 끌어낼만한 가치는 있다. 존재를 확인할 수 있다면 대처할 방법도 있기 때문이다. 사고 패턴을 알면 그 사고 패턴의 위력을 완화시켜 감정에 한층 더 반응할 수 있게 된다.

EXERCISE 2   자신이 관여하고 싶은 사고패턴을 선택한다

훈련문제 1에서는 감정에 대한 비판적 해석, 즉 사고를 특정함으로써 사고를 은신처에서 끌어냈다. 120페이지 일러스트에 있는 말풍선에 그 사고를 적어보자.

자신의 사고에 스포트라이트를 맞춰 거리를 두고 바라봄으로써 그 사고의 위력을 없애는 단계로 접어들었다. 거기에 있다는 이유만으로 그 사고와 적극적으로 관여할 필요도, 그 사고를 믿을 필요도, 댄스 파트너로 고를 필요도 없다.

다만 진짜 모습을 인정해주는 것만으로 충분하다. 그것은 사고이지 진실이 아니라고 알게 될 것이다. 뭔가 있다면 사고와 둘이서 그냥 웃고는, 다른 시점에서 생각해봐야 하는 사건이 될 수도 있다. 그런 것이 완전히 무시하는 것보다 사고를 납득시킬 수 있을 것이다. 생각하지 않으려고 해도 생각나는 이유는 눈으로 보이기 때문이다.

사고가 위력을 잃고 시들기 시작하면 스포트라이트 아래로 공간이 생긴다. 객관적으로 상황을 파악해 그 공간을 메꾸면 좋을 것이다. 자신이 관여하고 싶다고 생각하는 사고, 댄스 파트너로 어울릴 만하다고 생각하는 사고, 감정에 잘 반응할 수 있다고 생각하는 사고를 고르는 것이다. 그것을 아래쪽 말풍선에 적어보기 바란다. 마지막으로 감정을 품었을 때 들으면 유익한 3가지를 소개하겠다.

- **그렇게 느껴도 뭐 괜찮잖아.**
- **감정을 갖는 것은 인간으로서 당연한 일이야.**
- **감정을 갖는 것이 약점을 드러내는 건 아니야.**

감정에 잘 맞는
「사고(思考)」를
댄스 파트너로 정하자!

보이긴 해지만
오늘은 같이 안출래

이 「사고」와
춤을 추자!

같이
춤출래?

TOOL 9

불안이 만들어지는
사이클을 분석한다

불안은 인생에 큰 영향을 끼치는 감정이다. 불안은 스트레스와 밀접하게 관련되어 있다. 스트레스가 인생을 따라 생존에 중요한 신체 시스템인 교감신경과 관계하기 때문이다.

그렇더라도 「교감交感」신경이라는 이름을 왜 붙였는지 항상 궁금했다. 왜냐면 그다지 호감을 가질 수 없기 때문이다. 손에서 땀나는 것, 위가 메슥거리는 것, 근육의 경직, 숨 차는 것 등등, 몸 안에 불안한 감각을 만들어내는 시스템의 어디에 호감이 가느냐는 것이다.

그런 불쾌한 증상은 「투쟁·도주·동결 반응」에 의한 것이다. 스트레스나 불안 등으로 감정이 고조되면 인간의 몸은 「투쟁·도주·동결 반응」을 나타내면서 임전태세로 돌입하도록 되어 있다.

그러다가 교감신경을 알게 되면서 내가 잘못 생각했다는 사실을 깨달았다. 교감신경은 내가 생각했던 것보다 훨씬 호감을 가질만한 친절한 기능이었던 것이다.

교감신경은 우리 몸의 기능을 위해 무의식 프로세스를 통제하는 자율신경의 일종이다. 현실과 공상 속에 일어나는 사실과 상관없이 위험이나 스트레스 요인이 있으면 반응한다. 아드레날린과 코르티솔 같은 호르몬을 분비시켜 에너지를 높이도록 지시를 내림으로써 위험에 적절히 대처할 수 있는 체제를 갖추는 것이다.

여러 가지 떠오르는 불안

원래 교감신경은 우리를 도와준다.

일반적으로 불안은 불쾌한 증상을 일으키는 대표적 감정으로 알려져 있다(공포, 분노, 충격도 마찬가지이다). 하지만 모든 감정은 불안으로 분류되는 감정 자체가 하나도 나쁜 것이 아니다. 더구나 교감신경에 의해 불안을 느끼기 때문에 에너지와 경계심이 높아지면서 나쁜 상황을 미연에 극복하는 경우도 있다.

예를 들면, 나란히 앉아 있는 심리학자들 앞에서 공포에 관한 강의를 하려면 최대한의 에너지와 긴장감이 필요한데(물론 실제로 겪은 체험이다), 인간에게는 그것을 올바르게 예상하는 시스템이 갖춰져 있다. 이렇다면 교감신경은 통찰하기에 좋은 친절한 시스템과 같아서, 교감신경의 도움이 있기 때문에 우리가 살아갈 수 있는 것이다.

몸의 방어 시스템은 과도한 불쾌감을 불러온다.

그런데 교감신경은 가끔 폭주할 때가 있다. 우리가 과거에 했던 체험에 끌려 과도하게 불안해하거나 너무 많은 신경을 쓰는 탓일 수도 있지만, 이럴 경우에 친절한 시스템은 그다지 정확하지 못하다는 것이다.

교감신경은 엔진을 최대로 가동하면서, 우리에게는 끝까지 에너지가 필요할 거라고 예상한다. 그 결과 「위협」에 대하여 지나치게 각성한 상태가 되고, 여러 가지 감당할 수 없는 공포감으로 느끼면서 그것을 피하게 된다.

「투쟁이냐 도주냐」를 강요받는, 필요 이상으로 강렬한 몸의 감각에 사로잡혀 불쾌감을 느끼고, 경우에 따라서는 몹시 괴로워하게 된다. 잠 못 들고, 식생활이 불안정하고, 사고는 정리되지 않고, 설사를 하는 상태에 빠진다. 이렇게 되면 모든 것이 또다시 스트레스로 이어진다.

몸의 시스템은 장기간의 강한 스트레스, 코르티솔의 증가, 거기에 수반되는 모든 심적·육체적 상태는 심신의 건강이나 행복 차원에서 마이너스이다. 마음의 용량을 순식간에 넘어설 지도 모른다. 고마워해야 할 필사의 생체방어 시스템이 순식간에 뒤통수를 치는 것이다.

이처럼 불안이 나쁜 방향으로 작용할 때는 최선의 개입방법을 고려하지 않을 수 없다.

불안의 구조

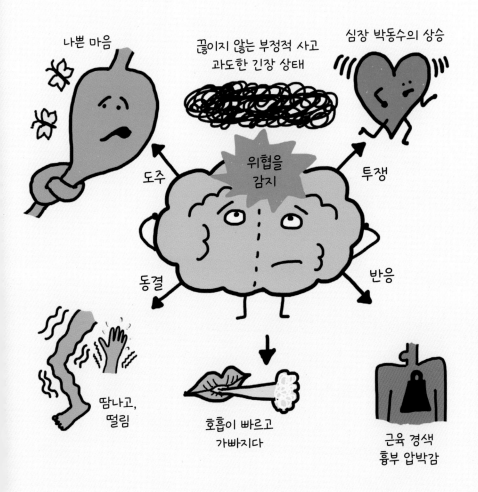

나쁜 마음

끝이지 않는 부정적 사고
과도한 긴장 상태

심장 박동수의 상승

도주

위협을
감지

투쟁

동결

반응

땀나고,
떨림

호흡이 빠르고
가빠지다

근육 경색
흉부 압박감

불안의 사이클을 그림으로 그려본다

111페이지에 있는 감정 사이클의 그림을 다시 이용하여 불안의 사이클을 그림으로 그려보자.

스텝1. 불안의 원인은?

불안의 원인이 뭔지를 생각하면서 직접적인 계기 란에 기입한다. 불안과 같이 나타나는 감정이라면 그것도 감정의 괄호 안에 적기 바란다. 직접적인 계기에 관해 생각할 때, 어떤 일에 불안을 쉽게 느끼는지, 그 패턴이 보일지도 모른다.

많은 사람에게 공통적으로 나타나는 직접적인 계기도 있다. 예를 들면, 사람들 앞에서 발표하는 것에 불안을 느끼는 사람은 아주 많다. 또한 현실적으로는 아무 일도 없었지만 생각 자체만으로 직접적인 계기가 되는 경우도 있다. 머릿속에서 상상했던 일이 실제로 마음이나 몸에는 차이가 없기 때문에, 현실적인 일과 똑같은 영향력을 끼친다.

직접적인 계기를 명확히 자각하지 못하는 경우도 있다. 상황이 감당이 안 된다고 느낄 때는 그 상황 자체를 불안하게 느끼기 때문에, 거기에는 몸의 시스템이 반응하는 것이다.

또 과거에 연상하고 싶지 않은 패턴을 뇌가 감지하면서 불안이 일어나는 경우도 있다. 직접적인 계기는 시간과 함께 바뀔 수 있지만, 불안의 직접적인 계기를 이해할 수 있다면 불안을 관리하기가 쉽다.

스텝2. 불안할 때의 반응은?

불안할 때 어떻게 반응하는지를 생각해 보고 사이클의 남은 칸에 적어보기 바란다. 불안할 때 보이는 일반적인 반응을 다음과 같이 소개한다. 다만 반응 방식은 사람마다 다를 수 있고, 상황에 따라 다를 수 있다.

몸

전신으로 공급되는 산소를 확대하려고 심장박동은 상승한다. 손발의 혈류가 증가하여 바로 움직일 수 있는 태세가 갖춰진다. 폐 작용이 활발해지고 호흡이 가빠진다. 많은 혈류가 손발까지 가기 때문에 구토증상이 일어난다.

사고(思考)

여러 가지 좋지 않은 생각들이 떠오른다. 예를 들면 「당치도 않은 일이 일어나지 않을까」 「해봤는데 제대로 안 되면…」 「비참해질거야」 「진행 중인데 제대로 대응 못할 것 같아」 「실패하면 어쩌지?」 「바보 같은 짓을 저질렀어」 등등. 또 과거의 실패(라고 생각하는 일과 현상)에 대해 다시 고민한다거나, 처음부터 불안한 자신을 비판할지도 모른다.

행동

불안할 때 어떻게 하나. 불안이 없어질 때까지 내면으로 숨어버린다? 엄마한테 전화한다? 공격적으로 바뀐다거나, 자주 화를 낸다거나, 망설이는 사람도 있을 것이다.

천천히 호흡하고 차분한 마음으로 문제해결을 시도해 보는 등, 불안과 정면으로 마주하는 것도, 다른 일에 관심을 두고 불안을 분산시키는 것도 한 가지 행동이다.

스텝3. 그 반응에 따라 기분이 좋아졌다, 나빠졌다?

계속해서 불안의 고리를 돌고 있을 것인가, 고리에서 빠져나갈 길을 찾아낼 것인가는 당신의 반응에 달려 있다. 어떤 일을 했을 때 불안이 계속되고 기분이 악화되는지를 생각해 봐야 한다.

어떻게 하면 불안과 타협하고 받아들일 수 있을까? 자신의 반응이 불안의 고리로 회전하며 이어질지, 거기서 빠져나오는 것으로 이어질지에 대하여 생각해야 한다.

기분 개선에 도움이 될 만한 반응을 목록으로 만든 다음 사태를 악화시키는 반응을 특정하면, 불안할 때 불안의 고리에서 빠르게 빠져나올 수 있을 것이다.

제 4 장
짜증스런 기분의
원인을 파악한다

감정은 가라앉았다 솟구치는 경우가 있다. 그러나 실제로 그런 경우는 거의 없다.

감정은 본질적으로 당신의 주변 세계, 즉 「환경」과 연동되어 있다. 현재의 환경뿐만 아니라 과거와도 연동되어 있다. 뇌는 외부 세계를 파악할 때 「과거에 어떤 일이 있었느냐」는 유일한 정보를 바탕으로 「현재 어떤 일이 발생했고, 앞으로 어떤 일이 일어날지」를 생각하기 때문이다.

따라서 지금까지 살펴봤듯이 몸 안의 감각 세계가 감정을 만들어내는 것은 물론이고, 환경도 감정을 일으키는 한 가지 요인이다. 예를 들면 「환경을 개선할 부분이 있다」는 사인은 감정으로 나타나기도 한다.

제4장에서는 환경적인 직접적 계기를 이해하는 동시에 언제·어떤 대처가 가능한지 생각해 보자. 또한 일반적으로, 대책을 세울 수 있는 직접적 계기에 대해서도 소개하겠다.

TOOL 10

감정을 일으키는
직접적인 동기에 주목한다

살다보면 필연적으로 감정이 발생되기도 하고, 이때 직접적인 계기가 되는 일도 흔히 발생한다. 건강문제나, 사랑하는 사람을 잃어버렸을 때의 충격은 아주 큰 스트레스가 될 수 있다. 그 결과 심각하고 버거운 감정이 생기는 것은 마음의 조력자도 어쩔 수 없다.

그 감정은 오로지 자신만이 스스로 케어해야 할 중대한 사인이다. 그리고 일로부터 오는 압박이나 대인관계, 극도로 바쁘게 살아가는 라이프 이벤트 등도 이 또한 스트레스인데, 이때 발생하는 감정은 환경 개선의 필요가 있다는 것을 나타낸다.

즉, 직접적인 계기를 특정하면 그 계기로 생긴 감정에 어떻게 대응하는 것이 최선인지 판단하기가 쉬워진다. 예를 들면 「가혹한 라이프 이벤트가 생겼을 경우, 그것이 당연하다」고 받아들이거나 「대책을 세워야 한다」. 즉, 스트레스의 근원을 해소하기 위해 응대 스킬을 키우기 / 직접적인 계기에 대처하기 / 계기의 반응 변화 등 다양한 선택지가 가능하다.

자신의 감정에 직접적인 계기나 어떤 대책을 계획한 다음 감정의 사이클을 사용하면 편리하다.

환경 일부가 바뀌면서 어떤 감정이 생겼을 경우, 직접적인 계기가 있다고 생각해도 무방할 것이다. 예컨대, 개를 싫어하는 사람이 아침에 집을 나설 때 치장한 푸들을 보고 짜증이 났다고 치자.

평소에 「개는 이래야 한다」는 고정관념이 계기가 되어 그런 감정 반응이 일어난 것이다.

감정의 직접적인 계기를 몰라도 된다.

하지만 그렇게 분명한 계기가 없는 경우도 있다. 예컨대, 사소한 것들이 겹치면서 감정의 용량이 채워질 수도 있다.

어떤 사고가 연상되어 감정이 일어나지만, 자각할 겨를도 없이 스쳐버린 경우도 있다. 심지어 싫은 기분은 공백이나 욕구불만, 피로가 축적된 결과로 나타나기도 한다.

계기를 찾더라도 이렇다 할 직접적인 계기가 전혀 보이지 않을 수 있다. 복잡한 세계에서 확실함을 원하는 우리에게 안타까운 일일 수도 있다. 그러나 감정이 항상 직접적인 계기만 있는 것은 아니니까 그것은 그대로 인정해 주자.

계기가 존재할 때 직접적인 계기를 이해할 수 있다는 것은 바람직하지만, 그보다 감정을 깨닫는 쪽이 더 중요하다. 원인을 특정하는 것보다 좋은 건 없지만, 하지 못한다 하더라도 반응 방식은 바꿀 수 있다.

분노를 일으키는 직접적 동기 5

인생

실패

비교

SNS

자기불신감

사기꾼 증후군 (Imposter Syndrome)

자세한 것은
TOOL 11~14를 체크

사기꾼 증후군 : 자신이 이뤄낸 업적을
스스로 받아들이지 못하는 심리적 현상

잠깐만!
기분 좋은데
찬 물 끼얹지 말라고!

EXERCISE 1
감정을 일으키는 계기를 특정한다

어떤 감정에 휩싸이면 감정의 사이클을 이용하여 직접적인 계기를 특정할 수 있는지 시도해 보자.

한 가지 일에 직접적인 계기가 있을 수 있고, 또한 여러 가지 일이 겹치면서 스트레스를 받거나 기분이 다운될 수 있다. 후자 같은 경우 커패시티 컵을 사용하여 스트레스 요인으로 작용하는 것을 특정하기를 권한다. 직접적인 계기를 찾기 어려울 때는 다음 체크 항목을 참고하기 바란다.

Check ☐ **식사와 수분을 제대로 섭취하고 있나?**

Check ☐ **수면과 휴식을 충분히 취하고 있나?**

Check ☐ **특별한 스트레스를 받을 만한 라이프 이벤트가 있었나?**

Check ☐ **최근 인생에 뭔가 변화가 있었나?**

Check ☐ **과거 체험 기억이 감정에 직접적 원인이 되었나?**

직접적인 계기를 특정하지 못해도 걱정할 필요 없다. 그럴 만한 원인을 찾기에 집착하다 보면, 오히려 감정을 빼앗겨 반응 방식으로 결부시키지 못하게 된다. 따라서 직접적인 계기 찾기에 몰두하기보다 감정을 받아들이고 효과적인 반응 방식에 초점을 맞추는 것이 현명하다.

계기를 바꿀 수 있다?

직접적인 동기를 이해할 수 있다면 계기 자체를 바꾸든가, 계기에 대한 반응 방식을 생각하든가, 양쪽을 바꾸는 등의 판단을 내리기 쉽다. 다음 경우들을 보고 판단해 보자.

1. 계기가 명확해서 바꿀 수 있는 경우

특정할 수 있는 명확한 계기가 있고 바꿀 수 있다면, 계기 자체에 초점을 맞추는 것이 좋다. 간단한 예로, 싫은 감정의 원인 중 하나가 스마트폰을 너무 많이 본다면 사용시간을 줄이도록 한다.

하지만 개중에는 쉽게 해결할 수 없는 계기도 있다. 예를 들면, 직장에서 따돌림을 받을 경우, 계기에 대처할 필요가 있지만 해결하기까지에는 시간이 걸릴 수도 있다.

현실적으로 「강박」을 해소할 대책이 필요한 것은 두 말 할 필요도 없다. 이때 스트레스로 가득찬 계기뿐만 아니라 반응에도 초점을 맞춘 스트레스 대처법을 세워야 한다.

2. 계기는 명확하지만 바꿀 수 없는 경우

바꿀 수 없는 라이프 이벤트가 발생해 큰 감정이 생기는 경우도 있다. 사랑하는 사람의 죽음이나 구조 조정에 따른 해고 등과 같은 가혹한 라이프 이벤트를 말한다. 이런 상황에서 중요한 것은 자신을 케어하고 가능한 한 스트레스 대처법을 실천하는 일이다.

감정을 인식하고 상황을 극복하기 위해서 할 수 있는 일을 생각하자. 그리고 제6장의 파멸화의 주제에서 다룰 『불확실성』을 묵인하는」 훈련문제를 활용하여 스스로 통제할 수 있는 일에 초점을 맞추는 등 모든 방법을 시도해 보기 바란다.

3. 계기와 반응 어느 쪽에 초점을 맞춰야 할지?

바꾸려고 하면 바꿀 수 있지만, 때로는 바꾸기보다 극복하고 싶은 계기도 있을 것이다. 예를 들면 「남들 앞에서 발표하는 것은 불안하지만, 잘하고 싶다」는 감정 사이클의 반응 쪽으로 돌려서 발표할 수 있도록 감정을 유도할 필요가 있다.

문제는 초점을 맞춰야 할 것은 계기인지 혹은 반응 방식인지 판단이 어려울 때도 있다. 예를 들면, 일반 매장에 가면 불안한 사람은 인터넷으로 주문하거나 아니면 한가한 시간대에 방문하는 것도 방법이다. 하지만 시끌벅적한 시장으로 가고 싶다면, 감정 사이클에서의 반응(사고, 행동, 몸의 반응) 쪽에 초점을 맞춰서 직접적인 계기와 절충할 수 있다.

정답은 하나만 아니다. 아무튼 직접적인 계기로 스트레스를 줄이는 것도 좋지만 반응을 바꿔야 할 경우도 있다. 또는 양쪽을 합치는 것이 좋은 경우도 있다. 어쨌든 가장 효과적 인지는 경우의 수에 따라 상황에 맞춰서 판단하는 것이 중요하다.

주의할 점은 **계기에 초점을 맞추다 보면 역효과**를 낼 수도 있다는 것이다. 가령, 외부에서 사람과 만나는 것을 불안하다고 그만뒀다고 하자. 그렇다면 당신은 친구와 만나는 것이 더 바람직스럽다. 그럼에도 불구하고 타인을 만나는 걸 회피하는 것은 사회생활의 직접적인 계기는 부정적이란 뜻이다.

계기와 반응 그리고 초점 중 어느 쪽에 무게를 두고 판단하는 것은 어려울 때가 있다. 이런 문제에 절대적인 판단을 내릴 수 있는 사람은 어디에도 없다.

그러나 감정의 사이클로부터 눈을 떼지 말고 **자신의 반응이 전반적으로 플러스인지 마이너스인지를 확실하게 생각하는 것**이 중요하다.

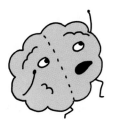

직접적인 계기를
바꿀 경우의 해결법

직접적인 계기 쪽에 바꿀 부분이 있다면 반드시 시간을 내서라도 최선의 해결법을 모색하기 바란다. 다만 바꿀 필요가 있는 직접적 계기를 생각하면 아무래도 마음이 망설여질 수 있다. 이 훈련문제를 통해 계기를 확고하게 수렴하여 앞으로 나아갈 방도를 찾아보기로 하자.

다음 페이지 그림을 사용하여 계획을 바꿀 방법을 유도해 본다. 다른 시각을 제공해 줄 사람과 상담·진행하면 더 좋을 수 있다. 그랬을 때 해결책은 의외로 빨리 찾아지거나, 자신이 미처 생각하지 못했던 의외의 해결책이 나올 수 있기 때문이다.

실제로 해결책을 모색해 봤을 때 효과가 있었는지의 여부는 나중에 평가해 보자! 그다지 효과가 없었을 경우는 처음부터 다시 하는 것이 중요하다. 다시 해보더라도 결코 자신을 책망해서는 안 된다. 처음에는 잘 안 되는 것이 당연하다.

문제 해결 방법을 생각해 보자.

1   정의

무엇이 문제인가?

2 해결책을 특정한다.

집단 사고로 내놓은 해결책 안건

3 최선의 해결책을 선택한다.

4 계획한다 (+실행한다)

어떤 단계로 할 것인가?

5   평가한다

잘 진행되었는가?
잘 진행되지 않은 이유는?

진행이 잘 되지 않았다면 계획 또는 해결 방안을 다시 짠다.

TOOL 11

SNS를 적절히 활용한다

언제부턴가 스마트폰은 생활인의 필수도구이다. 스마트폰이나 SNS를 이용하는 것 자체만으로 우리의 마음은 다양한 영향을 받는다.

스마트폰은 자신의 가치관과 관계없이 유의미한 시간들을 침범하기도 하고 수면을 비롯한 시각의 폐해 등 우리들 마음에 많은 용량을 지배한다. 하지만 대다수 사람들이 그 굴레를 벗어나지 못하고 SNS로 인한 편이성 때문에 스스로 관리하는 것이 현명하다.

스마트폰으로 알고 싶은 대량의 정보를 금방 파악할 수 있는 현대사회. 예컨대, 알고 싶은 장소의 전화번호를 알고 싶을 때 등등, 너무나도 편리하다.

하지만 때로는 마음이 산만해지는 것도 분명하다. 쓸데없이 집중력을 소모하게 되고, 현실 세계로부터 마음이 멀어지기도 한다. **수 없이 도착되는 알림이나 정보가 스트레스로 작용**하여 마음의 용량이 가득 찰 경우도 있다.

스마트폰은 어떤 의미에서 몹시 투정부리는 어린 아이 같다고나 할까? 수시로 울면서 「여기 SNS 봐줘」 「저기 알림 봐줘」라고 지시한다. 게다가 항상 **「지금 봐줘!」**라고 압박하기까지 한다.

SNS를 적절히 사용하지 못하면 멘탈이 약화된다.

SNS는 보는 사람으로 하여금 빠져들게 하는 힘이 있어서 1시간이 순식간에 지나간다. 계속해서 화면을 스크롤하는 이유라면 영원히 끝날 것 같지 않은 콘텐츠에 마냥 빠져들기 때문이다. 나도 모르게 스마트폰을 계속보고 있는 자신을 깨닫는 계기를 찾기는 쉽지 않다.

여러 연구에 따르면 SNS에 시간을 쏟을수록 멘탈이 약해지는 것으로 알려져 있다.

우리는 SNS를 통해 자신의 정당성을 인정받으려 하기 때문에, 인정받지 못하게 되면 부정적 영향을 받을 수도 있다.

반대로 「좋아요」 등의 반응이 올때면 기분은 더 좋은 반응을 기대하면서 중독의 나락으로 빠지게 된다.

또 다른 함정도 도사리고 있다. SNS를 보고 있으면 자신과 타인을 비교하게 된다는 점이다. 완벽한 것만 긁어모은 타인의 내용물과, 결코 이룰 수 없는 자신의 인생을 무심코 비교해 버리는 것이다.

SNS 모델들은 보통 사람들과 다른 프로 체형들이기 때문에, SNS를 보는 젊은 여성(최근에는 남성도)들 사이에는 자신의 체형에 불만을 품는 경우가 많다고 연구를 통해 밝혀졌다.

게다가 SNS 상에 자신을 공개하는 일은 타인의 판단과 비평을 감수하겠다는 뜻이다. 생각 없는 댓글에 기분이 상한다거나, 악플로 인해 큰 상처를 받기도 하고, 심지어 폭언마저 들을 가능성도 있다.

물론 SNS에는 좋은 점도 많다. 많은 사람과 교류할 수 있고, 창조적인 것을 공유할 수도, 같은 체험을 가진 사람과 연대할 수도 있다. 또 무엇보다 배울 것들도 많다.

어쩌다 마주한 글에서 기분전환을 할 수도 있고, 웃음짓게 하는 경우도 있다. 그러므로 마음을 케어하는 일과 SNS를 거부하는 일은 다르다. 중요한 것은 SNS를 적절히 활용하고, 그 이상의 위험수위를 넘지 말아야 한다는 점이다.

나는 스마트폰의 노예다?

　　다음 체크리스를 사용하여 대처할만한 포인트를 찾아내보자. 당신에게 해당하는 것은 솔직하게 체크하기 바란다.

　　하나라도 해당된다면 스마트폰 또는 SNS 접속 시간을 개선해야 할 시점에 있다는 경고이다. 스마트폰이나 SNS로부터 좋은 습관적 활용 방안을 유도하는 것은 어떨까?

스마트폰을 보면 싫은 기분이 든다?

^{Check}☐ 화면을 넘기고 있으면 불안이나 슬픔, 무력감을 느끼면서도 계속해서 본다?

^{Check}☐ 스마트폰을 잠시도 놓지 못한다?

^{Check}☐ SNS를 보지 않고는 궁금해서 못살 지경이다?

^{Check}☐ 「좋아요」를 받기 위해서 반드시 SNS에 글을 올려야 한다는 생각이 든다?

^{Check}☐ 기대했던 만큼 「좋아요」가 없으면 괜히 짜증이 난다?

^{Check}☐ 스마트폰에 시간을 뺏겨 자신이 진짜 하고 싶은 것을 하지 못한다?

^{Check}☐ 스마트폰에 시간을 뺏겨 자신에게 중요한 일(인간관계, 취미 등)에 지장을 받는다?

^{Check}☐ 수면, 식사, 일, 육아 등과 같은 실생활에 악영향을 미친다?

지배권을 찾아온다

　스마트폰이나 SNS가 원인이 되어 언짢은 기분이 들거나, 정말로 하고 싶은 일을 못했다면 어떤 노력을 감수하더라도 지배권을 찾아야 한다. 다음 7가지 전략을 시도해 보자!

1. 제한시간이나 경고를 설정할 수 있는 어플을 활용하여 무리 없는 범위에서 스마트폰 이용을 제한한다. 언제, 어느 정도 사용해도 좋을지 미리 정해두면 어플은 좋은 방패막이 될 수 있다.

2. 이불 속에 들어간 다음 스마트폰을 보지 않는다.

3. SNS의 타임라인에 표시되는 콘텐츠를 관리한다. 즉 기분을 망치는 사람의 팔로어를 해지하던가 중지시킨다.

4. 알림을 꺼둔다. SNS를 보는 타이밍을 자신이 결정한다.

5. SNS가 보여주는 내용은 타인의 엄선된 생활 일부일 수 있다는 사실이다.

6. 개인정보 공유에는 여러 가지 함정이 도사리고 있다는 점을 명심하고, 충분한 정보에 기초한 다음 투고 내용을 결정한다.

7. 스마트폰을 사용하지 않을 때는 다른 방에 두거나 전원을 끈다.

EXERCISE 3
습관적 조작을 줄인다 - 능동적으로 판단한다

스마트폰을 보는 것이 습관화되어 손에 멀어지면 불안감을 느낀다. 스마트폰을 계속해서 사용하다 보면, 만진다는 사실을 잊은 채 습관적으로 사용하게 되는 것이다.

하지만 스마트폰을 사용하기 전이나 사용 중에라도 스마트폰을 사용한다는 사실을 의식하면, 계속적으로 사용 여부를 능동적으로 판단할 수 있는 힘이 생긴다.

스마트폰을 잡기 전에

잠깐 한 번 생각해 본다. 지금 스마트폰을 사용하는 것은 자신을 위한 것인가? 구체적인 목적이 있어 정말로 사용해야 하는가? 그렇지 않다면 손에 잡고 싶은 충동을 습관적으로 억제해 본다.

스마트폰을 사용하고 있을 때

스마트폰을 만지다 보면 어느덧 빠져들면서 몰입하게 된다. 중요한 것은 집중을 중단하고 자신이 하고 있는 것을 깨닫는 것이다. 스마트폰을 사용하기 전에 스마트폰의 타이머를 설정하는 등, 스스로 제어 기능을 준비해두자. 그 제어 기능이 작동되면 다음과 같이 자문해 보도록 한다.

- **지금 어떤 기분?**
- **이대로 스마트폰을 계속 사용하는 것이 나를 위한건가? 아니면 습관적으로?**
- **아직도 계속해서 사용하고 싶은가?**

한 가지라도 부정적인 대답이 있다면, 관심을 다른데 둘 곳을 찾아 스마트폰을 잊기로 하자. 또한 바로 손이 닿지 않게 물리적으로 먼 곳에 두는 것도 방법이다.

TOOL 12   ## 제대로 비교하는 스킬을 익힌다

누구나 하는 일이나 뇌의 본질은 SNS에서 오는 수많은 정보들로부터 무심코 **타인과의 비교**로 발전한다. 동료와 비교해서 자신은 성공했는지, 인간관계는 다른 사람과 비교했을 때 어느 정도인지 등 우리들의 일상은 비교로 넘쳐난다.

비교 자체를 나쁘다고 볼 수 없다. 비교를 통해 사회생활을 원만하게 하든가 마음에 맞는 동료나 파트너를 찾는다든가, 변해야 할 것들을 명확히 인식할 수도 있기 때문이다.

이끌어낸 결론이나 비교의 기준 등, 여러 가지 요인에 의해 어떤 기분이 될지가 결정된다. 때문에 「동료만큼 성과를 내지 못 한다」 「다른 사람만큼 잘하고 있지 못하고 있다」면서 상위 수준으로 비교하면 무력감만 들게 된다.

「SNS 상의 환상」「이상적인 자신」과 현실을 비교해 본다.

SNS는 비교의 온상과 같다. 타인의 엄선된 이미지가 계속해서 눈으로 들어온다. 자신과 비교할 수 없는 체형, 아름다운 집, 너무나 행복해 보이는 가족들의 나들이, 손에 잡히지 않는 화려한 삶.

이러한 것들이 현실과 동떨어진 사실을 알면서도, 웹만 보고 비교한다면 자신도 모르게 불평하게 된다. 「저런 사람과 나는 왜 다를까」「저 사람처럼 왜 잘 하지 못할까」라고 자책하게 된다.

하지만 이런 비교는 대개 허상일 뿐이다. 볼만한 부분만 편집된 영화, 이상적인 모습을 연출한 그림과 같은 것일 뿐이기 때문이다. **보이는 것은 전체의 일부에 지나지 않을 뿐**, 가령 제7장의 2페이지만 읽고 책 전체를 평가한다거나 자신과 비교하는 것은 어리석은 짓이다.

우리는 인생에서 현실의 자신과 **환상 속 자신과도 비교**하는 경우가 있다. 성공이나 실패, 현재 상황에서의 인생이나 마음속으로 그려보는 미래와 비교하는 것이다.

「저런 회사에 취직하면 멋진 인생을 보낼텐데…」「돈은 더 받으면 좋을텐데…」라고 생각한다. 머릿속에서 만들어 낸 인생에는 실패한 경우가 없기 때문에, 필연적으로 그쪽을 선호할 수 밖에. 즉, 현실의 인생이나 선택은 연출된 세계로서 훨씬 실망스러울 뿐이다.

억측에 근거한 과도한 의미부여는 가치가 없다.

비교에는 기준이 필요하다. 기준은 2종류로 나눌 수 있다. 눈높이를 높여야 하는 비교(자신보다 우월한 사람과의 비교), 낮춰야 하는 비교(자신보다 못할 것 같은 사람과의 비교)이다.

여러 연구에 따르면, 대체로 올림픽 동메달 리스트는 은메달 리스트보다 자신의 성적에 만족한다는 것이다.

그 이유는 가치기준에 있다고 생각된다. 은메달 리스트는 챔피언이 되지 못했다고 아쉬워 하지만 동메달 리스트는 등위에 오르지 못한 탈락 선수들과 비교하기 때문에 메달을 딴 자신이 '행운'이라고 느낀다는 것이다.

비교는 어떻게 의미를 부여하느냐에 따라 유의미할 수도, 무의미할 수도 있다. 우리는 일반적으로 타인의 인생을 각색하고 재단한다.「그런 속성을 갖고 있다는 것은 나보다 뛰어난 사람이다」「부자니까 살기 편할 것」「탄탄한 직업을 갖고 있으니까 행복할 것」「그에 비해 나는 뒤처진다」는 식의 편집 각색이다.

하지만 이렇게 불완전하거나 단편적인 정보에 비교하는 것은 그다지 의미가 없을뿐더러,「행복할 것」이라는 예상도 억측에 불과하다. 타인이 자신보다 행복할지 아니면 만족하고 있을지는 아무도 모르는 일이다.

즉, 문제의 근원은 비교 자체가 아니라 과도하게 비교로부터 만들어진 억측에 의미를 부여하는데 있는 것이다.

뇌의 속성으로 볼 때 비교는 자연스러운 현상이라서 바람직하든 그러지 않던 간에 앞으로도 끊임없이 일어날 것이다.

그렇지만 이런 **불공평한 비교는 안 된다는 의미를 인지하는 스킬**은 키울 수 있다. 몰래 비교하는 마음을 자신의 판단 타당성을 자문해 봄으로써, 정확한 비교 기준을 선택할 수 있다. 이렇게 되면 현실을 훨씬 더 냉정히 볼 수 있는 눈이 생길 것이다.

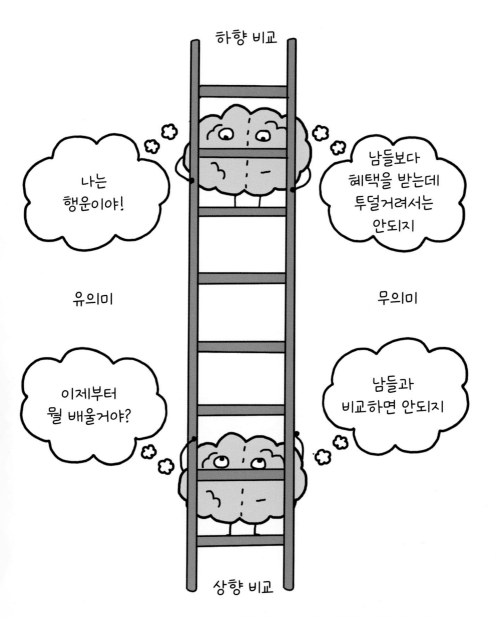

비교를 깨닫는다
- 그 비교에 의미가 있다?

비교하는 자신을 깨달아 반응 방식을 찾는데 도움이 될 만 한 3가지 스텝을 소개하겠다.

감정 사이클을 참조하여 직접적 계기 부분에 비교기준을 적용시키면 다음 질문들에 대답하기가 한층 쉬울 것이다.

1. 비교하고 있다는 사실을 깨닫는다.

  – 누구와(또는 무엇과) 비교하고 있나?

  – 비교하고 나면 어떤 기분이 드나?

  – 자신(또는 타인)의 인생에 편견을 갖고 있지 않나?

(예 : 다른 사람들이 자신보다 훨씬 안정되게 살고 있다)

2. 공정한 비교를 하고 있는지 생각해 본다.

  – 극히 일부 정보(SNS로 본 타인의 자기 연출)와 비교하고 있지
    않나?

- 나쁜 것을 고려하지 않고 이상적인 상황만 비교하고 있지 않나?

- 「좋아요」는 순수하게 「좋아요」로 비교하고 있나? 자신이 가장 용납할 수 없는 나쁜 점과 타인이 가장 좋은 평가를 받는 점을 비교하고 있지 않나?

- 무의미한 상상(예 : 다른 사람들은 모두가 행복할 것)을 품고 그런 억측과 자신을 비교하고 있지 않나?

3. 비교를 통해 어떤 의미를 끌어내고 있나?

- 비교를 통해 부당한 자기평가를 내리고 있지 않나? (예 : 자신은 성공하지 못 했다, 성과를 내지 못하고 있다, 등)

- 비교를 통해 타인의 상황을 억측하고 있지 않나? (예 : 자신보다 미인이니까 인생이 더 즐거울 것, 좋은 직장에 다니니까 행복하게 살 것, 등)

- 그런 편견에 정확한 근거는 있나? (예 : 부자나 유명인이 되었다고 지금보다 행복해질 수 있다는 근거는 없다)

비교 기준을 선택한다

　기준을 어디에 설정하느냐에 따라 비교 내용, 비교로부터 도출된 의미도 크게 달라진다.

　당신의 눈높이는 상향 비교와 하향 비교 중 어느 쪽인가? 뇌의 기준이 어딘지 알면 다른 기준으로 유도하는 것도 가능하다. 가령, 당신이 은메달 리스트라면 금메달쪽보다 동메달 리스트로 눈을 돌려(하향 비교) 자신의 성적이 얼마나 위대한지를 자각해야 한다.
　인생은 어떤 처지이든 간에 예외 없이 상향은 위가, 하향은 아래가 있기 마련이다. 어디를 기준으로 잡을지는 자신이 선택하는 것이다.

　여기서 전혀 다른 기준을 찾아보는 건 어떨까. 은메달 리스트인 자신과 같은 경기에 참가했을 때의 자신을 비교하는 것이 공평할지도 모른다. 필자는 재활치료 중인 환자에게 「당신은 병 들기 전보다 재활치료를 시작하는 시점을 잡는 것이 어떨까요?」라고 말하곤 한다.

현재, 자신이 설정한 비교기준을 안다면, 다음은 가능한 한 공평
해지도록 그 기준을 조정해 보자.

EXERCISE 3 「지금 갖고 있는 것이 없었다면」 하고 생각해 본다

우리는 일 년 내내 「가정(if) 비교」를 한다. 「만약, 내가 저 직장에
들어갔다면 더 낳은 인생을 살았을 텐데」 「만약, 그 일이 없었다면
더 행복했을 텐데」 「만약, 그것을 달성했다면 분명히 이런 기분이었
을 텐데」라고 생각에 생각이 꼬리를 문다.

현실과 다른 선택지를 가정해 「이렇게 됐을 것」이라고 억측하면
서 현재와 비교한다. 일반적으로 가정의 결과는 밝은 가능성이 강
조되고, 어두운 가능성은 돋보이지 않을 경우가 많으므로, 상향 비
교가 무의미하게 될 수밖에 없다.

미화된 선택지와 자신과의 비교로 만들어진 감정은 여러 가지 형
태로 나타날 수 있다. 그 가운데 하나가 **후회**이다. 현실에서 가정

비교는 사실상 자신이 선택한 것이지만 실제로 발생한 일을 「이랬으면 좋았을 텐데」라고 느끼는 것과 비교하는 것이다. **완벽하게 가공된 선택지와 비교하더라도 현실을 이길 수는 없다.**

「다른 선택을 하더라도 더 좋으리라는 보증은 없다」고 자신에게 말해줘야 한다. 아쉬운 선택을 했을 때 어떤 점이 바뀐지조차 알 수 없는 것이다. 뿐만 아니라 나쁜 결과가 나왔을 가능성도 있다. 이때 자신을 가공한 기준을 다시 설정해 보는 것은 어떨까.

부정적 시각화(Negative Visualization)라고 하는 테크닉을 사용해 보는 것이다. **「만약 지금 갖고 있는 것을 가지고 있지 않다면 어떤 인생일까?」**라고 마음에 물어보는 것이다. 그러면 현실보다 아래에 있는 가공의 자신에게 기준이 옮겨가기 때문에 지금 갖고 있는 것에 감사해야 한다. 따라서 과거의 선택을 정당하게 평가할 가능성도 높다는 것이 연구결과를 통해 알려졌다.

선택하지 않았던 길이 좋게 보인다.

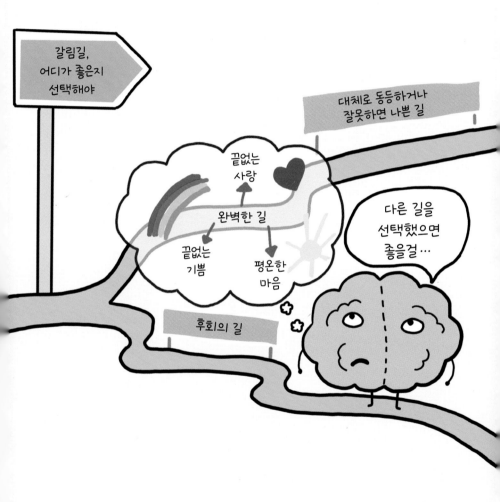

할 줄 아는 사람일수록 나타나는
「사기성 증후군」

「내가 무능한 게 언젠가 드러나지 않을까」라고 생각해 본적이 없나? 「실은 할 줄 아는 게 없는 사람이라고 들통나는 날이 오지 않을까」라고 생각한 적은?

「있다」고 답변했다면 당신만이 아니다. 추정컨대, 대략 70%의 사람이 이러한 사기성 증후군(Imposter Syndrome)을 체험한 것으로 알려져 있다.

질환으로 인정되지 않지만 임포스터 증후군이란, 능력이 있는데도 불구하고 「성공한 건 실력이나 노력 때문이 아니라 운이 좋았던 것」 「과대평가 받았다」고 생각하는 심리상태를 가리킨다.

임포스터 증후군이 되면 「지식이나 실력이 없다고 언젠가 드러나지 않을까」라고 불안해 한다. 종국에는 성공에 하자가 드러나 희대의 사기꾼으로 낙인이 찍힐테니 불안한 감정은 당연하다.

이때 자기 불신감으로 말미암아 「나에게는 무리」라고 포기하거나, 일이나 승진을 사퇴하기도 한다. 심지어 회의에서 발언하지 않거나, 자신을 위한 것도 포기하는 상태에 빠질 수도 있다.

이것은 일에만 한정된 것이 아니다. 「임포스터 감정」은 누구나 인생의 모든 상황에서 발생할 수 있는 증상이다. 부모라는 것, 아니 그냥 어른답게 행동하려는 것조차도 임포스터 증후군을 일으킬 수 있다.

「나는 안 돼」 「내가 유능할 리가 없어」라고 속단해 버린다.

아이러니하게도 임포스터 증후군은 「사실은 유능한 사람」에게 많이 나타난다. 실제의 능력과 자기평가에 간극이 생기는 「더닝 크루거 효과(Dunning-Kruger Effect)-일종의 인지 편향으로 능력이 부족해 실수를 알아차리지 못하는 현상」이라는 심리학적 조사를 통해 증명되었다. **유능한 사람일수록 무지를 자각**하기 때문에 자신을 과소평가하는 경향에 빠지기 쉽다.

임포스터 증후군에는 「후광 효과(Halo Effect)」도 관계한다. 후광 효과란 유달리 마음에 드는 느낌에만 쏠려 다른 자질을 평가하는 데 선입견을 갖는 현상을 가리킨다. 예를 들면 「매력적」이고 「자신이 넘친다」고 느끼는 사람에게는 유능함과 함께 마음에 드는 자질도 갖추고 있을 거라는 선입견을 갖는 것이다. 실제로는 그렇지 않은데도 말이다.

또다른 임포스터 증후군은 이와 정반대의 논리가 적용되어 「스스로 자신없는 사람은 유능할 리가 없다」고 생각하기 쉬운데, 그것 역시 선입견에 지나지 않는다.

내가 해도 불륜, 남이 해도 불륜?

임포스터 증후군의 요인 가운데 하나는 원인을 파악하는 방법이 편중되어 있다는 점이다. 나쁜 일의 원인은 내 안에, 좋은 일의 원인은 당신 밖에 있다고 생각하는 경향을 보인다는 것이다. 즉, 나쁜 일이 생기면 본인의 잘못이라고 판정하거나 뭐니뭐니 해도 자신이 잘못한 탓, 반대로 좋은 일을 했어도, 자신의 공로를 생각하지 않는다는 것이다.

자기를 폄하하는 「임포스터 증후군」

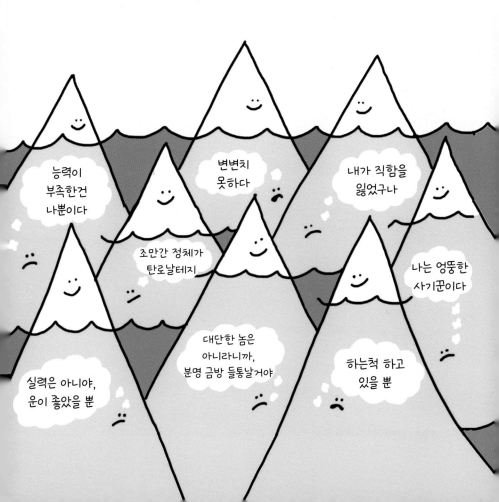

불안이나 자기 불신감은 본인에게 왜곡된 편견으로 발전하게 된다. 「불안감을 느끼는 것은 잘못한 일을 하고 있다」고 생각하는 것이다. 실제로 그의 정신세계가 미지의 영역으로 들어가 복잡하고 수많은 정보의 균형을 찾고 있는지도 모른다.

자기 불신감에 휩싸이거나 불신감을 컨트롤 하는 것도 이상한 일은 아니다. 오히려 그러므로 추가 학습이나 정보가 필요한지 꼼꼼히 확인하고 가늠할 수 있다.

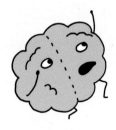

자기불신감과 불쾌감을 인식한다

임포스터 증후군의 바탕에는 자기 불신감이 있다. 많든 적든 간에 누구에게나 있는 감정이지만, 중요한 것은 자기 불신감이 나쁜 쪽으로 치우쳤을 때 그것을 깨달을 수 있느냐는 점이다. 나쁜 쪽으로 치우쳤다면 자기 불신감을 통제할 수 있는 대책을 세워야 하기 때문이다.

지금부터 소개할 「저울」은 과학적으로 유효성이 증명된 방법은 아니지만, 필자가 카운슬링에서 사용했던 방법이다. 상담자로부터 자기 불신감을 확인한 후 최선책을 찾는데 도움이 된다.

다음 페이지의 저울 그림을 보고 자신이 어떤 위치에 있는지 생각해 보기 바란다. 인생의 전체적 상황이나 커패시티 컵의 채워진 상태에 따라 결과는 시시각각으로 바뀐다.

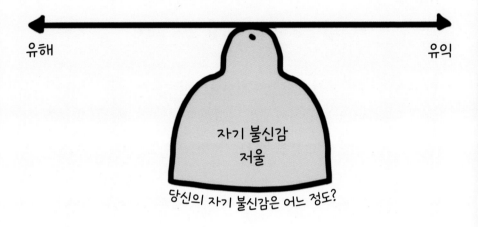

유해   유익

자기 불신감
저울

당신의 자기 불신감은 어느 정도?

지금 당신의 자기 불신감은 어느 위치에 있나?

그것이 유익한 것인가? 자신의 상황을 자주 확인하고 찾아보자. 이때, 몰랐던 것을 배우거나 경우에 따라 도움을 요청하는 계기가 되고 있나?

아니면 자기 불신감이 나쁜 쪽으로 기울어지기 시작했나? 뿐만 아니라 유해한 단계, 여러 가지 일로 위축되어 나 자신이 실망스런 단계로 접어들고 있나?

자기불신감을 통제한다

어떤 결과였나? 자기 불신감이 나쁜 쪽으로 향하고 있나? 아니면 자기 불신감을 통제하고 싶은가?

다음과 같이 5가지 단계를 따라, 지금 현재 안고 있는 임포스터 느낌의 직접적 계기를 특정하고 그 통제방법을 찾아보자.

스텝1 직접적인 계기의 특정 – 그렇게 느끼는 이유를 확인한다.

- 구체적인 계기가 있나, 있다면 지금 바로 대처할 수 있는 일은?

- 불확실한 상황에 처해 있다?(예 : 역할이 바뀌었다)

- 스트레스가 많다?

- 할 일이 너무 많다?

- 실력 이상의 일을 맡고 있다?

명확한 계기가 보이지 않더라도 걱정할 필요는 없다.

스텝2 현재 상태 조사 - 지금 느끼고 있는 것을 깨닫는다.

- 생리적 감각을 말로 표현해 본다.

- 감정을 말로 표현해 본다.

- 사고를 말로 표현해 본다.

감정 리사이클을 사용하면 하기 편할 것이다.

스텝3 일반화(Normalize) - 지금 느끼고 있는 것을 깨닫는다.

- 지금 느끼고 있는 것은 생리적 감각에 지나지 않는다고 말해 준다. 당신의 몸이 임전태세에 들어갔을 뿐이다.

- 어느 정도 불안을 느끼는 것은 자연스런 일이다. 불확실한 상황에서 일하거나 새로운 일이 주어지면 더 그렇다.

- 「이런 식으로 느끼는 건 괜찮을 거야」라고 말해 준다. 대부분의 사람은 한 번 정도 체험하는 감정이다. 당신이 존경하는 사람들도 언뜻 보기에는 자신이 넘치는 것처럼 보이지만 사실은 똑같이 느낀다.

스텝4 재구성(Reframing) – 감정은 당신의 능력을 나타내지 않는다.

- 사고와 현실은 다르다.

- 비슷한 상황을 극복했을 때의 일을 떠올려 보자.

- 자기 불신감에는 긍정적 측면도 있다. 자신을 적절히 평가함으로써 타인의 의견을 솔직하게 들으려는 계기도 된다.

스텝5 문제 해결 – 기분을 개선하기 위한 최종 방안

- 자신이 완수해 낸 일을 되돌아보자.

- 직접적인 계기에 대처하기 위해서 취할 수 있는, 실천 가능한 대책이 있다?

- 신뢰할 만한 사람과 상담해 보자. 남에게 이야기함으로써 자신의 생각을 정확히 확인할 수 있다. 친구도 분명 친근감을 느낄 것이다.

- 업무적 불안에 대해 상사와 대화해 보는 등, 임포스터 증후군 증상을 통제하기 위해서 취할 수 있는 실천 가능한 대책이 있다?

- 자기 평가가 타인의 평가와 일치하는지 아닌지 확인해 보자.

무엇을 원인으로 간주하고
있는지 알아낸다

임포스터 증후군이 있으면 나쁜 일이 생겼을 때 자신에게서 원인을 찾으려 하기 때문에 모든 것을 자신의 탓으로 돌린다. 좋은 일이면 그 원인은 자신이 아닌 다른 것에 기인한다고 생각하므로 본인의 공로로 받아들이질 못한다.

자신이 사태의 원인을 무엇인지 알아낸다면 그 원인을 냉정하게 바라보게 된다. 그렇게 하면 제대로 원인을 판단하고 분석하면서 진실한 원인을 규명할 수 있다. 176페이지 그림을 활용하고 분석해 보자.

1. 상단 2개의 풍선을 채우면서 자신은 무엇이 원인인지 알아낸다.

예를 들면 잘못된 책임을 100% 자신(내적 요인) 탓으로 돌리고 있다? 바람직한 결과에 자신은 전혀 공헌하지 않았다고 생각한다?

2. 하단 2개의 풍선을 채우면서 진짜 원인이 무엇인지 생각해 본다.

그 잘못의 한 가지 요인이 다른 외적 요인에 있는 건 아닌가? 바람직한 결과가 생각한 이상으로 자신의 영향을 받았던 것은 아닌가?

3. 내적 요인은 황색, 외적 요인은 엷은 청색으로 표시해 균형을 맞춘다.

원인을 파악하는 방법에 편중이 없는지, 색의 균형으로 확인해 본다.

무엇을 원인으로 파악하고
있는지 분석해 본다.

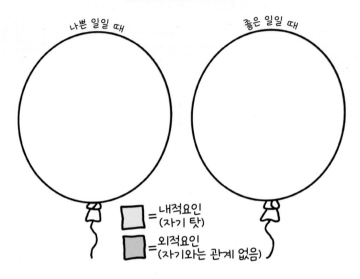

원인의 실제를 생각해 본다.

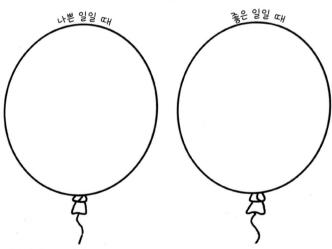

TOOL 14

실패해도 된다

지금까지 봐온 것처럼 뇌는 많은 지름길이나 편견이나 샛길로 갈 수 있으므로 정보는 신속하게 처리할 수 있지만 완벽하게 처리하지는 못한다.

하지만 뇌로부터 모방하고 싶은 부분은 많다. 첫 번째가 잘못했을 때 대응이다.

뇌는 어떤 현상을 예측하고 그것을 수정하는 순서를 밟는다. 미래에 어떤 일이 일어날지 판단하고, 그 예상이 잘못된 경우 예측을 수정한다. 그런 다음 많은 예측과 결과에 차이가 났던 사례를 결집하여 가능한 한 정확하게 판단하려고 한다.

아주 현명한 대응이 아닐 수 없다. 바꿔서 말하면, **예측을 오판하지 않으려면 새로운 것은 배워야 한다는 것을 알고 있다.**

이러한 대응은 참으로 훌륭하다고 여겨진다. 이런 생각을 우리 의식에도 적용시킬 수 있다면 얼마나 좋을까.

우리는 완벽하지 않다.

잘못에 대한 공포감이나 극단적으로 나타나는 완벽주의는 우리한 테서 넘쳐난다. 인간인 이상 누구라도 목표에 달성하고 싶고, 잘 하고 싶고, 실패하고 싶지 않기 때문이다.

더구나 완벽주의나 성과는 사회적으로 높이 평가받는 현실이기 때문에, 완벽주의야 말로 인간이 이뤄야할 가치이자 행복의 조건이라는 생각조차 들게 한다. 우리는 타인으로부터 칭찬받기를 원하는 사회적 동물이기 때문에 이를 위해서라도 잘 하려고 노력한다.

우리는 일이나 생활, 아이, 결혼, 건강식 가정요리 등 무엇이든 조종하는 상태가 아니면 잘 할 수 없다고 생각한다. 완벽 그 자체가 아니면 실패라는 사고가 깔려 있는 것이다. 일정한 정도에 찼다고 느끼는 것도 실패. 어떤 상황에 제대로 처신하지 못한다고 느끼는 것도 실패.

하지만 그것은 모두가 마찬가지이다. **누구나 잘 처신하지 못하고, 모두 역부족**하다고 느낀다. 그래서 결국은 무엇을 원인으로 바라보느냐의 문제이다. 원인이 자신에게 있다고 생각해 스스로 책망하지만, 잘못하는 것들이 있다는 자체가 보통의 현상이라는 사실을 간과해서는 안된다.

실패가 성공으로 이어지는 경우도 있다.

실패를 아무리 배척한다고 해도 인생은 뜻대로 되지 않는다. 자신의 탓을 별개로 하더라도 살다보면 많은 실패를 경험하기 마련이다.

책임 소재가 어디에 있든 **인생의 만족도는 인생이 얼마나 제대로 가는 것과 상관없이 실패를 몸으로 극복하는 방법을 체득할 수 있는 여부**에 달려 있다. 실패를 허용하고 받아들이는 것은 일종의 스트레스를 줄이면서 행복해지는 방편이다.

크게 실패했다고 생각되는 일도 나중에 되돌아보면 성공으로 향하는 터닝 포인트였음을 깨닫는 경우도 흔히 있다. 그 일이 있었으므로 다른 길로 나아갔고, 현상을 바라보면서 새로운 스킬을 몸에 익히거나 지금까지 없었던 아이디어를 생각해 내기도 하는 것이다.

그런 실패는 종종, 그때는 참기 힘들었어도 시간이 지나면서 고맙게 느껴지기도 한다. 실패를 깨닫고 진로를 변경했기 때문에 성공이 시작된 사례는 많다. 성공한 사람들이 「역경 속에서 회복하는 힘이 성공의 열쇠」라고 말하는 이유가 여기에 있다.

그러므로 일반적으로 실패로 정의되는 일도, 전혀 실패가 아니었음을 깨닫는 날이 올지도 모른다.

실패를 받아들이고 어떻게 반응하느냐가 중요하다.

감정 사이클을 읽으면 실수나 실패에 대한 공포심이 행동에 얼마나 영향을 미치는지 이해할 수 있으리라 생각한다.

예를 들면 최초의 실패를 받아들이질 못하기 때문에 서투른 일은 피하고, 새로운 스킬을 익히는데 소극적일 수도 있다.

실패를 두려워 하는 것은 **완벽하게 할 수 있다고 확신할 때까지 연기하느냐**, 또는 선택의 여지가 없어질 때까지 내버려 둘 수 있다는 것이다.

한편으로 목표를 달성해 성공에 이르면, 긍정적인 감정이 만들어지고 행동이 강화되기 때문에, 점점 완벽을 추구하려고 집착하게 될지도 모른다. 여기에는 **성과에 의해 자신의 가치가 결정된다는 잘못된 선입견**이 자리하고 있다.

인생에는 실수나 실패가 따라붙기 마련이지만 반응 방식은 바꿀 수 있다. 실수나 실패를 받아들일 수 있게 되면 스트레스에도 강해지고 마음의 용량을 키울 수 있다.

**잘못에 대한 의미부여를
다시 바라본다**

실패했다는 것에 어떤 의미를 부여하고 있는지 생각해 본 다음, 객관적인 시각에서 재구성해 보도록 한다. 이것은 정말로 당신이 생각했던 모습의 일이었을까? 그 일의 의미를 더 정확하게 바라보자는 것이다.

실패에 어떤 의미를 부여하고 있나?

- 「언제나 실패만 거듭한다」고 생각한다?

- 「잘못한 자신은 도움이 안 된다」고 생각한다?

- 「주위에서 무능하다고 볼 것」이라고 생각한다?

- 누구라도 고전할 만한 시련에 직면했음에도, 「제대로 대처하지 못했다」고 생각한다?

- 실패에 사로잡힌 나머지, 실제 이상으로 자신의 평가와 연결해서 생각한다?

실패의 「진짜 의미」는?

- 동료나 친구가 같은 실패를 했다면 뭐라고 말을 건네야 할까? (타인의 시점에서 상황을 볼 때 사물을 객관적으로 파악하는 경우가 많다.)

- 실패를 인정하고 대책을 취하는 사람을 어떻게 생각하나?

- 사실 인간이기 때문에 실패를 저지르는 것이 아닌가?

- 실패로 인해 정말로 자신의 가치가 결정되고 있다?

- 이 장벽을 넘으면 자신을 위해 도움이 되지 않을까?

EXERCISE 2

잘못과 사이좋게 지낸다

아무런 장애나 실패도 없는 인생은 영화에서나 존재한다. 잘못의 결과로 생긴 불쾌한 감정을 즐기라고 말할 수 없지만, 「실패해도 괜찮아」라고 자신에게 용서해 보기 바란다. 잘못을 겁내지 않아도 잘못과 사이좋게 지내야 한다. 잘못을 용서할 수 있는 사람처럼 해 보자는 것이다.

잘못으로부터 교훈을 얻어야 할 때는 「창피하다」 「도망가 숨고 싶다」고 생각할 것이 아니라, 새로운 마음으로 잘못과 당당히 맞서 보도록 한다.

그러기 위해서는 잘못을 「괴물(이미지)」에서 「작은 생물(실태)」로 **바꾸는 핵심 문구**를 생각해 놓는 것도 방법이다. 핵심 문구를 찾아보고, 실수의 인식을 개선하기 위해 힌트를 일러스트로 나타냈다. 여기에 자신만의 문구나 의견을 적어본다.

잘못이라는 괴물을 작게 만들어본다.

한 번 실수했다고 끝장은 아니다. 자신의 가치가 실수로 낙점되지 않는다.
실수를 저지르지 않는 인생은 없다.
살다보면 실수는 범할 수 있다.
실수를 반복하지 않는다면 괜찮지 않을까

잘된 일로 눈길을 돌린다

당신을 목표까지 인도하기 위해서 뇌는 다음 단계를 지시하고, 중간에 발생하는 실수를 검출해 리스크를 강조한다. 여기에 완벽주의와 공포심이 더해지면 당신은 잘못을 과도하게 경계한 나머지, 결국에는 잘못 아닌 행동도 과오로 분류하게 될지도 모른다.

그 결과 뇌는 「멈춰 서서 잘 생각한 다음, 자신의 성과를 확인하라」는 작업을 잊어버린다. 목표를 설정하여 잘못을 찾는데 몰두한 나머지, **좋은 점을 놓쳐 버리는 것**이다.

그러나 뇌가 올바른 방향으로 가도록, 가만히 재촉할 수는 있다. 다음 페이지의 **성취 리스트**를 사용해 잘 했던 일이나 달성한 성과를 적어본다. 앞으로 해야 할 성취가 아니라 성취한 일을 돌아보고, 짠 ~ 하고 보여주듯이 리스트를 적는 것이 포인트이다.

대단하지 않은 일이라도 상관없다. 너무 졸렸는데 그것을 참고 침대에서 일어났다든가, 아이가 싸웠는데도 냉정하게 대처했다 등등, 모두 다 참신한 결과물이다. 우리들 일상 생활의 하루하루는 소소한 성취로 가득할 것이다.

시점이 긍정적으로 바뀌면 실패 쪽으로 향하지 않을 것이다. 성공 모두 장단기적으로 정확하게 스스로 인식하고 깊은 고뇌에 빠져야 한다.

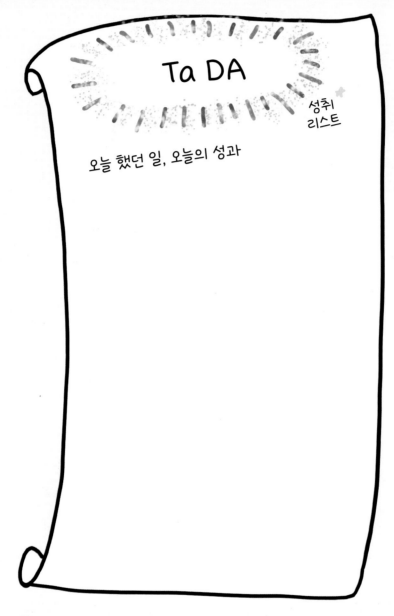

Ta DA

성취
리스트

오늘 했던 일, 오늘의 성과

제 5 장
마음의 용량을 키운다 – 행동편

산을 하나하나 넘어가자
(왼쪽의 매우 높은 산은 단숨에 오르지 않아도 OK)

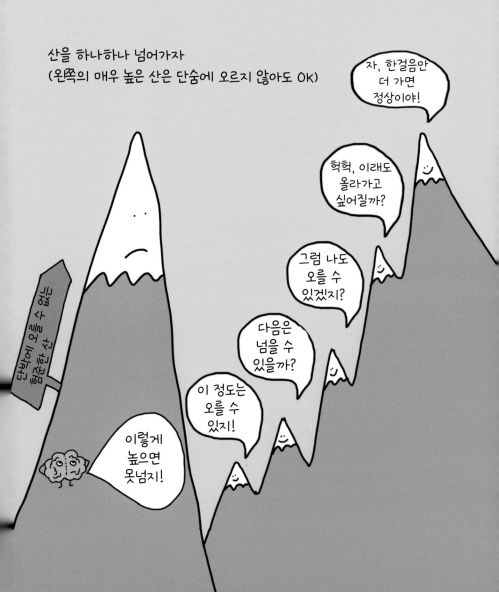

행동을 조절하는 것은 마음 케어의 기본이다. 어쨌든 행동은 우리의 생각이나 신념, 감정에도 영향을 끼친다. 그것은 장단기적 의미에서도 마찬가지이다. 예컨대 산책하러 갔을 때 생각이나 몸의 생리적 반응, 심지어 느끼는 방식들이 바로 영향을 받고 변화를 일으킨다.

이미 언급했듯이 사회적 연결을 구축·유지하는 것은 긴 안목으로 볼 때 몸을 건강하게 유지시켜 준다. 그렇다면 사회적 연결은 무엇으로 이어질까? 결국 우리의 행동에 따라 구축되고 결정된다.

지금 친구에게 전화를 걸어볼까?
만나서 서로의 고민을 털어놓고 얘기할까?
남에게 도움이 되는 일을 해볼까?

우리는 무엇을 하느냐에 따라 사회적 연결이 이뤄지고 결정되는 것이다.

인간은 마음 먹기에 따라 행동이 수반되고 그 결과로 행·불행이 결정된다.

즉, 마음을 케어한다는 것은 도움이 되는 행동을 계속한다는 뜻이고, 그런 행동습관을 만든다는 의미이다. 제5장에서는 심신에 좋은 영향을 미치고 습관을 키우는 방법에 대해 소개하겠다.

TOOL 15

포지티브한 변화를 일으키기 위해
목표를 설정한다

이 책에 수록된 것을 하나라도 시도해 보면(새로운 습관을 들인 다 / 생소한 일에 도전 / 사고를 객관적으로 파악하는 등등) 당신에 게 반드시 변화가 일어날 것이다.

변화는 간단하게 일어나지 않는다. 변화를 일으키고 유지하려면 상당한 시간과 노력을 쏟아 부어야 하는 경우가 있다. 이것을 구체 적으로 설명하기 위해서 850억 개 뇌의 신경세포로 이루어진 「합창 단」에 비유하여 설명하겠다.

신경세포 합창단은 항상 노래를 같이 부르면서 연대를 이어간다. 그 중에서도 유달리 공감을 일으키는 노래가 있다. 예를 들면 예전 부터 불러왔던 노래, 유아기 때부터 머리에 맴돌던 노랫소리, 평생 바뀌지 않는 행동 패턴, 자연스럽게 몸에 익은 습관, 언제 어디서 생겼는지 생각하기조차 싫은 기억 등이다. 신경세포는 그런 노래를

부를 때 세포끼리 연결되어 신경 회로가 만들어진다. 이렇게 만들어진 회로는 오랫동안 익숙해진 길이기 때문에 신경세포는 쉽게 그 길을 간다.

새로운 것을 시도할 때, 매번 850억 개의 신경세포 일부에 「익숙한 길에서 벗어나 새로운 길을 만들지 않을래?」라고 요구한다.

새로운 길을 만들 경우 노력과 시간이 걸린다. 예컨대 점심 시간에 새롭게 산책을 하거나 간식으로 감자 칩 대신 과일을 먹는 등 늘 하는 행동을 바꿀려고 할 때 자동적인 반응을 억제하거나 반의식적으로 새로운 경로를 만들어야 한다.

의식적으로 자신에게 변화를 일으키자.

사고나 행동의 변화를 이야기할 때, 필자는 신경회로 사례를 자주 든다. 신경세포는 항상 편한 경로를 자동적으로 찾아간다. 대개는 아주 자연스럽게 물 흐르듯이 나아가기 때문에, 점심 시간에 무심코 사과가 아니라 감자 칩 봉지에 손이 가고 있다는 사실을 깨달을 것이다.

평소에 운동을 할 때 유연하지 못해 아픔이 뒤 따르듯, 신경세포 역시 쓰지 않던 것들을 반의식적 노력이 필요하다. 이러다 보면 언젠가는 편하고 자동적인 반응에 익숙하게 된다.

하지만 행동습관은 무의식적으로 숙달되어 자동적인 반사행동을 극복하기가 어려울 때도 있다. 게다가 새로운 신경회로의 생성이라는 특별한 임무에 숙달되었다지만, 신경세포도 때로는(특히 피곤할 때, 스트레스에 노출되었을 때, 과부하 상태일 때) 예전 길로 되돌아가려고(리턴) 한다.

그러므로 예전 패턴으로 되돌아가지 않기 위해 어떻게 하면 새로운 경로로 가야 할지 생각해야 한다. 새로운 길을 가야 할 때 가면 갈수록 신경세포 역시 쉽게 갈 수 있기 때문이다.

195페이지부터 훈련문제를 따라가면서 새로운 습관과 변화를 찾아보는 동시에, 피할 수 없는 「리턴」을 극복하는 방법을 생각해 본다.

유의미한 목표를 설정한다

「목표를 설정하면 달성하고 싶은 것이 명확해지고, 달성방법도 찾기 때문에 성공 확률이 높아진다」, 이것을 보여준 근거는 매우 많다.

목표란 달성 또는 완료가능성 성과이다. 새로운 일을 한다거나, 평온한 마음을 보듬어주는 것도 목표라고 할 수 있다.

이 책의 훈련문제들은 모두 다 마음만 먹으면 목표로 사용할 수 있다. 하지만 목표설정은 쉽게 흔들리는 반면에, 막상 실천하려고 하면 예상 외로 어렵고 고민하게 만드는 경우가 많다.

때문에 엉덩이를 의자 깊숙이 밀어 넣고 천천히 그리고 차분하게 생각하도록 한다. 다음 힌트가 목표설정과 유지에 도움이 될 수 있다.

목표는 구체적인 수치로 나타낸다.

「친밀하게 살아 보자」는 구체적이지 않지만 「한 달에 한 번은 친구와 함께 커피를 마신다」는 것이 더 구체적이다.

가능하면 언제 실행할지 정한다.

이를테면 「수요일에는 직장에서 집까지 걸어서 돌아온다」 등.

즐거운 일부터 시작한다.

적극적으로 하고 싶은 일은 실현 가능성이 훨씬 높아진다.

목표를 달성할 자신이 어느 정도인지를 0~100%로 나타낸다.

우선은 50% 이상 자신이 있는 목표부터 시작한다. 성공에 이르면 분명 자신감이 생길 것이다. 어려운 목표는 나중에 언제든지 시도할 수 있다.

좌절할 것들은 줄이기 위해 가치관에 맞는 목표를 설정한다.

가령, 당신이 존중하는 가치관 중 「타인과 밀접한 관계를 형성하는 것」이라면, 「1주일마다 친구 한 명과 통화하기」같은 목표를 설정해 볼 수 있다.

「회피하지 않을래」보다 「접근해 볼래」를 의식한 전향적 목표를 설정한다.

「불안하지 않도록 하겠다」는 전향적 목표가 아니다.

「하루에 두 번은 편안하게 휴식을 취할 것」이라면 전향적일 수 있다.

달성 목표보다 학습 목표를 설정한다.

학습 목표를 설정하는 쪽이 좌절하지 않을 가능성이 더 높다.

「영어 테스트에서 평점 A를 받을 것」처럼 평가를 요구하는 달성 목표보다 「영어로 간단하게 대화 수준으로 공부할 것」처럼 자신의 성장을 지향하는 학습 목표로 바꿔보면 어떨까.

목표를 달성했을 때마다 자신에게 칭찬하고 상을 준다.

행동한 후에 칭찬받을 만큼 즐거웠다면 그 행동이 증대한다는 「긍정적 강화(Positive Reinforcing)」라는 이론이 있다. 이 이론을 적용하여 자신을 칭찬함으로써 바람직한 행동으로 증대시켜 본다.

마음으로부터 비판적인 생각이 들지 않도록 주의한다.

다정다감한 마음의 소리를 기르는 복안을 세운다.

누군가와 함께 상상의 일들을 한다.

연구에 따르면 타인과 함께 무엇인가를 결정하면 좌절할 가능성이 훨씬 낮아진다고 한다.

199페이지 그림에 가장 높은 산에 달성하고 싶은 목표를 적어본다. 나아가 그 목표를 달성하기 쉽게 작은 단계들로 나눠본다. 하나하나의 단계는 달성하기 쉬운 것부터 하는 것이 좋다.

지금 단계부터 다음 단계까지 올라가도 괜찮은지의 여부를 정기적으로 진척 상황을 체크한다. 그렇게 하면 목표를 수정할 타이밍도 알 수 있고, 대응이 필요한 장해물도 제대로 알 수 있다.

때로는 생활이나 환경적 변화가 장해물이 되어, 목적 달성하기까지 어려울 수 있으므로, 목표에 너무 집착하지 않는 것이 중요하다.

이럴 경우 다른 달성방법을 찾아보거나, 가치관이나 인생의 변화에 따라 목표 설정을 재구성할 필요가 있다.

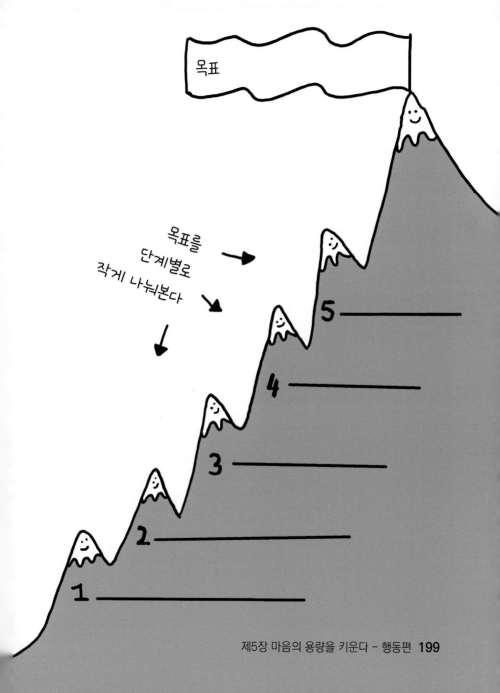

목표

목표를
단계별로
작게 나눠본다

5 —————

4 —————

3 —————

2 —————

1 —————

사소한 습관을 생활에 반영한다

이루고 싶은 목표 가운데는 그리 대단하지 않고 소소한 것들도 많다. 감사한 기분을 되새겨 본다, 책을 읽는다, 가볍게 산책한다, 물을 자주 마신다 등등. 이런 사소한 목표가 나에게 끼치는 영향은 결코 무시할 수 없다.

사소한 목표를 다음 4가지 단계에 맞춰서 생활 속에 반영해 본다.

단계1. 이미 습관화된 행동에 새로운 행동을 조합(combination)해 본다.

이미 실천하고 있는 습관과 조합하면 새로운 습관이 쉽게 정착된다. 습관화된 행동에 새로운 행동이 일어나기 때문이다. 예를 들면, 모닝커피부터 잠자기 전까지 고마운 사람에 대한 생각 키우기, 산책길에 하루의 일과를 계획하기, 조금은 돌더라도 호젓한 커피집을 들르는 방법도 있다. 출근 중에 책을 본다거나, 메일을 체크할 때마다 물을 마셔보는 것도 방법이다.

단계2. 항상 「소소하고 구체적으로, 달성 가능하도록」을 의식한다.

달성해 본 실제 경험이 있으면 습관은 오래 유지된다. 우선 하루에 두페이지만 읽는 독서부터 시작해 보자, 편하게 두모금이라도 물을 마셔보자, 자기 전에 행복했던 생각을 적어보자 등, 이런 소소한 단계의 실감을 느끼다보면 하고 싶은 욕망이 스스로 생긴다.

단계3. 한 번에 한 가지씩 새로운 습관을 체득한다.

한 번에 너무 많이 하려면 욕심이 목적을 넘지 못해 결국에는 중도에 단념하게 된다.

단계4. 달성하기 쉬운 환경을 만들어간다.

침대 옆에 감사 일기와 필기도구를 놔두거나, 책을 항상 가방에 넣고 다니거나, 스마트폰으로 산책코스를 설정하거나, 그날 마실 분량의 물을 물통에 넣어 얼마만큼 마실지 나름대로 잣대를 정해본다.

습관의 리턴에 대처한다

    습관이 제자리로 돌아가려는 것은 지극히 일반적인 현상이다. 특히 피곤할 때나 스트레스를 받을 때, 커패시티 컵이 한도에 찼을 때, 뇌는 매우 높은 비율로 과거 습관으로 리턴하려고 한다. 이때, 자신을 책망하지 말고 다음 포인트를 적용해 보자!

1. 리턴은 실패가 아니다.

    리턴을 통해 교훈을 얻을 수도 있다. 자신을 비판하거나 책망하지 말기 바란다.

    다음에 실천할 때, 더 낳은 방법을 찾을 수 있는 기회가 될 수 있기 때문이다.

2. 리턴은 자주 있는 일이다.

    뇌는 새롭고 익숙하지 않은 경로를 갈 때 생각의 여유가 없다면 「리턴」은 쉽게 이뤄진다.

3. 리턴이 일어나도 출발점으로 돌아오는 것은 아니다.

한 번 가본 경로라면 두 번째는 좀 더 편하게 갈 수 있기 때문에, 첫 번째보다 빠르게 원래 있었던 장소에 도달할 것이다.

4. 달성한 것으로부터 눈을 돌린다.

리턴했다고 해서 달성한 것이 모두 사라지는 건 아니다.

리턴은 자기를 비판하는데 사용하기 좋은 재료이다.

자기비판 감정이 꿈틀댈 것 같으면 제6장의 TOOL 18을 참고하기 바란다.

TOOL 16

육체적 활동으로
기분을 안정시킨다

감정의 사이클에서 아직 언급하지 않은 것이 하나 있다. 감정의 원천이자 반응이기도 한, 몸 안의 생리적 감각이다. 물리적 감각을 이야기하려면 먼저 TOOL 9에서 나왔던 교감신경의 상대, 바로 부교감신경을 알아봐야 한다.

미국 어린이 교육 프로그램 『세서미 스트릿(Saseme Street)』의 친구 콤비인 버트와 어니처럼, 교감신경과 부교감신경은 2인 1조이다. 힘을 합하여 당신에게 필요한 에너지와 몸을 조정·관리한다.

몸을 교감신경이 투쟁 모드로 변화시키면, 부교감신경은 대체로 몸을 휴식모드로 바꿔서 안정시킨다. 그러므로 평온한 기분일 때는 통상적으로 부교감신경이 작용하는 것이다. 「휴식과 소화 시스템」이라고 부르기도 하는 부교감신경은 호흡이나 심장박동수, 면역반응 조정에서 매우 중요한 역할을 맡고 있다.

몸의 감각과 감정은 연동되어 있다.

감정 사이클에서 감정과 몸 감각의 상호작용을 간과하기 쉽다. 뇌의 고차원적 인지기능과 관계 없는 것처럼 보일지도 모른다.(물론 실제와는 다르지만).

그러나 몸에 뭔가가 작용하면 생리적인 감각에 영향이 나타나 몸 안에 새로운 감각이 생기기 때문에, 새로운 감정도 만들어질 가능성이 있다. 예를 들면, 호흡을 천천히 하는 것만으로도 부교감신경이 활성화되면서 몸 안에 쾌감이 생긴다.

물론 그로 인해 감정의 직접적인 계기가 바뀌지 않지만 환경적으로 불안이나 슬픈 감정이 생겼다면 거기에 대처할 필요는 있을 것이다. 그래도 몸에 작용을 가해주면 마음의 안정은 되찾을 수 있다. 마음이 안정되면 복잡해진 뇌도 풀리면서 여유롭게 해야 할 일을 결정할 수 있다. 감정적으로 행동하지 않지만, 감정을 인식하면서 전향적인 대책을 세울 수 있는 것이다.

몸의 작용으로 불안한 기분을 통제할 수 있다.

체내 감각을 자극하여 뇌 안으로 감정을 만들어내는 방법은 많이 있다. 예를 들면 운동을 하면 화학물질이 방출되어 몸의 감각이 바뀌는 동시에 기분 좋은 감정이 생긴다. 사랑하는 사람을 안는다든가, 남에게 친절을 베풀거나, 야외로 여행을 간다는 등의 행동에도 똑같은 효과가 있다.

감정이 반드시 억제되는 건 아니지만, 장단기적 의미에서 몸의 활동으로 새로운 몸의 감각, 더 나아가서 새로운 감정을 만들어냄으로써 원래의 감정과 균형을 취할 수 있다.

몸의 스트레스 반응을 인식하고 여기에 어떤 작용을 가하는 것은 불안 등과 같은 감정을 통제하는 강력한 도구가 된다.

감정이 예민할 경우 대개 기분대로만 움직였을 때(방구석에만 있을 때) 무조건 밖으로 나가는 등의 방법이 기분전환에 좋다고는 하지만 좀처럼 그것을 실행하기가 쉽지 않다.

하지만 가령 숨듯이 있다 하더라도 의식적으로 몸에 어떤 작용을 가하여 감정을 바꿀 수 있다. 여기서 간단한 훈련문제를 소개하겠다.

스트레스로부터 빠져나가는 길

부교감신경을 활성화하여 기분 좋게 만들어낸다.

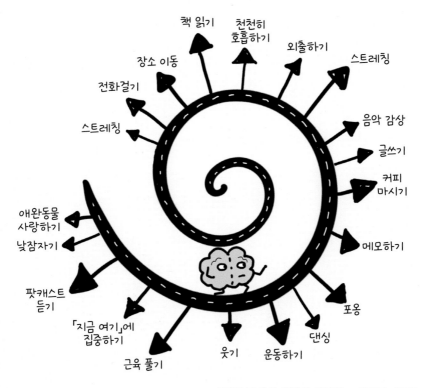

먼저 「호흡」을 한다

불안해지면 호흡이 빨라지고 가빠진다. 몸을 투쟁모드로 바꾸는 과정에서 많은 산소를 받아들이기 때문이다. 만약, 산소가 남았을 경우, 체내 산소와 이산화탄소 균형이 무너져 다른 증상이 나타날 경우도 있다.

천천히 깊게 호흡을 하면 몸의 균형은 정돈되고 투쟁·도주 반응이 억제되면서 부교감신경이 활성화된다. 이 호흡법은 일종의 스킬이기 때문에, 습득할 때까지 꾸준한 연습이 필요하다. 우선 **스트레스가 없을 때 시도**해 보면 좋다. 기분이 차분할 때 연습하는 것이 훨씬 쉽기 때문이다.

마음이 불안할 때 이 스킬을 숙달시켜 놓으면 불안감을 해소하는 데 큰 도움이 된다. 평소에 꾸준히 연습하면 누적된 스트레스를 없애고 마음의 용량도 늘릴 수 있다.

앉거나 서 있는 상태에서도 괜찮다. 한 손을 가슴에, 다른 한 손을 배에 갖다 댄다. 폐의 아래쪽과 배까지 공기를 끌어오겠다는 생각으로 깊게 호흡한다. **가슴은 상하로 크게 움직이지 말고 배가 부풀어 올라와야 올바르게 한 것이다.**

가능한 한 몸에서는 힘을 뺀다. 한 번 온 몸으로 '흐흡~'하고 힘을 주었다가 완화시키면 잘 된다.

잠깐 동안 의식을 호흡에 집중하기 바란다. 그리고 지금의 자연스러운 호흡을 관찰하는 것이다.

그럼 이제 천천히 1부터 3까지 세면서 코를 통해 조금씩 공기를 빨아들인다. 한 번에 깊게 호흡을 해서는 안 된다. 어디까지나 조금씩 해야 한다. 숫자를 세면서 코로 공기가 들어오는 감각에 의식을 집중시켜야 한다.

이어서 천천히 1부터 4까지 세면서 입으로 숨을 천천히 내뱉는다.

이런 요령으로 몇 번이고 호흡을 반복하고, 가능하면 몇 분 정도 해보는 것이 좋다.

호흡 페이스는 하기 편하게 조정해도 괜찮다. 들이마시는 것보다 내뱉는 쪽을 길게 해야 산소와 이산화탄소 비율이 맞는다고 보면 된다.

혹시나 하다가 현기증이나 이상한 느낌이 들면 중지하도록 한다. 너무 심하게 호흡하면 그런 증상이 나타날 수 있다.

쾌감을 만들어낸다

부교감신경을 활성화하는 방법이나 몸 안에 쾌락물질을 만들어내 기분을 좋게 하는 방법은 다른 방식으로도 가능하다. 이미 책에서 많이 언급했듯이, 먼저 수면이나 운동, 건강 식생활이다. 이 3가지는 몸 자체에 작용할 뿐만 아니라 건강한 마음의 기초가 되기도 한다.

지금 일어나고 있는 몸의 반응을 바꾸는 방법도 있다. 운동을 한다거나 몸을 움직이면 화학물질이 방출되어 힘이 생긴다. 불안감으로 과도하게 받아들인 산소를 소비할 수 있다. 밖으로 나가면 스트레스가 줄어드는 것도 그런 이유 때문이다. 자연으로 둘러쌓인 개방된 장소에서 태양 빛을 쐬는 것도 이상적이다.

스킨십을 하거나, 안거나, 애완동물을 어루만지거나, 마사지를 받으면 몸이 쾌감을 느끼면서 스트레스 반응이 억제된다.

분위기를 바꾸는 방법 즉, 방을 옮기거나 가구를 재배치하는 것도 같은 효과를 얻을 수 있다. 스트레칭이나 요가, 춤, 몸을 움직이는 것은 물론이고, 거실을 까치발로 이동하는 것만으로도 스트레스 반응을 없애는 방편일 수 있다. 창작활동이나 독서를 통해 스트레스를 해소하는 사람도 많다.

몸의 스트레스 반응에 작용을 가해 기분을 좋게 하는 방법은 다양하다(필자는 멍때리고 있다 보면 안정이 된다). 그런 방법을 실천하면 단기적으로는 스트레스의 사이클을 끊을 수 있고, 장기적으로는 **스트레스에 대한 적응력을 높일 수 있다.**

207페이지의 그림에 쾌감을 만들어내는 아이디어 한 가지가 실려 있다. 당신은 당신만의 아이디어를 통해 그림을 참조하면서 도구상자에 추가하면 좋을 것이다.

EXERCISE 3 초조해 하지 말고, 휴식을 통해 몸을 편하게 한다

　바쁘게 사는 것을 칭찬받는 현대사회에서는 「초조해 하지 말고 멈춰 서서, 휴식을 통해 몸을 편하게」하는 것이 일상에 역행하는 행위로 받아들이기도 한다. 하지만 몸과 마음을 케어하고 건강한 몸의 균형을 유지하려면, 즉 에너지를 적절히 배분해서 사용하려면 휴식은 반드시 필요한 것이다.

　한 숨 돌리거나, 육신을 쉬게 해야 몸과 마음의 컨디션을 안정시키는 시간이 만들어진다. 뇌에 여유가 생기고(그 여유 속에서 획기적인 아이디어가 떠오른다), 감정의 용량에도 공간이 늘어날 것이고 육체의 암적인 요소도 제거될 것이다.

　하지만 지금 글을 쓰고 있는 필자 역시, 이런 조언과 달리 제대로 휴식을 취하지 못한 사실은 이치에 맞지 않다.

　휴식을 취하기 위해서 우리는 여러 가지 장애물을 넘어야 한다.

작업 중의 휴식은 금기시되고, 효율을 낮춘다고 생각한다. 다수의 현대인은 바쁘지 않으면 안 된다는 의식이 잠재되어 있다. **휴식을 취하는 것을 터부시한다는 것이다.** 휴식은 사치다, 스트레스를 받지 않는 결과물은 좋은 성과물을 낼 수 없다는 공식을 적용시키기도 한다.

하지만 휴식에 관한 연구는 사실 정반대의 결과를 알려주고 있다. **초조해하지 말고 쉬는 것만이 몸과 마음에 절대로 필요하다는 점을 알려주는 것이다.**

휴식을 취하면 생산성이 올라간다(창조성도 늘어난다). 작업하는 틈틈이 근처를 한 바퀴 도는 식의 짧은 산책만으로도 좋은 효과를 낼 수 있다. 몸의 수복과 회복이 촉진되면서 뇌 작용도 좋아진다.

이런 자투리 시간을 통해 쉬었다가 재충전하는 것은 업무에 지장을 초래할 리 없다.

Q 어떤 형태로 휴식을 취하고 있나?

집에서 :

직장에서 :

Q 그 휴식은 언제 취하는 것이 가장 좋나?

집에서 :

직장에서 :

Q 몸이나 뇌를 편안하게 하기 위해서 휴식시간에 무엇을 하나?

집에서 :

직장에서 :

Q 휴식을 방해하는 것으로는 어떤 것이 있나?

집에서 :

직장에서 :

Q 어떻게 하면 확실하게 휴식을 취할 수 있나?

집에서 :

직장에서 :

제 6 장
마음의 용량을 기운다
- 사고(思考)편

세상에는 사랑의 힘을 주제로 한 음악이 넘쳐 난다. 그렇다면 사고 (thinking)의 힘을 주제로 한 노래가 있어도 좋지 않을까. 마음을 사로 잡는 순간적인 착상이나 생각에 큰 영향력을 미칠 수 있기 때문이다.

제6장에서는 현실적으로 아무 일도 일어나지 않지만 상상의 사고(思考)만으로도 몸과 마음에 다양한 반응이 일어난다는 점, 자신을 어떻게 인지하느냐에 따라 외부 세계와의 연결방법이 무엇으로 결정되는가를 살펴보겠다.

익숙한 신경경로에서 만들어진 오래된 사고는, 맘대로 떠오를 뿐만 아니라 사실처럼 보이기 때문에 통제할 수 없다고 생각할 수 있다. 하지만 사고의 내용과 그 영향을 인식하면 자신이 만들어낸 상념의 스토리를 깨닫게 되고, 그것을 다시 바라볼 수 있다.

그래서 최종적으로 자신의 사고와 마주하여 스트레스를 줄임으로써, 마음의 용량을 늘리기 위해 새로운 사고를 구축할 수 있다. 사고의 힘을 올바르게 통제하여 마음의 건강을 지키는 방법을 찾아보자.

TOOL 17

자신의 사고패턴을
깨닫는다

사고란 머릿속에서 펼쳐지는 현장의 실황중계와도 같다. 언어적인 것이 있는가 하면 시각에 호소하는 것도 있다. 상상도 사고에 속한다. 또 독백이나 시각화, 생각하는 것이나 기억하는 것도 역시 사고의 범주에 들어간다.

사고는 뇌에서 만들어진다. 때문에 사고는 항상 나를 따라다닐 수밖에 없다. 큰 소리로 말할 때도 있지만 일반적으로 자동적인 사고패턴이 작용하기 때문에 그 존재마저 깨닫지 못할 때가 많다.

그런 뇌의 습성은 다양한 감정과 몸의 생리적 반응을 만들어내고 주변 상황이나 환경에 따라 우리의 행동을 마음대로 조종하고 있다.

시큼한 레몬을 반으로 잘라 먹는 것을 상상했을 때 침이 고이고, 레몬을 씹는 것 같은 느낌이 들 것이다.

즉, 사고는 현실의 마음이나 몸의 반응을 일깨운다. 또 환경에 대한 인식도 좌우한다. 뭔가 신경 쓰이는 일이 있으면 그것으로 주의를 잃어버리기 때문에, 나도 모르게 그것이 떠오르게 된다. 가령, 개를 싫어하는 사람은 어디를 가도 유달리 개가 눈에 잘 띄게 마련이다.

과거의 경험으로 사고가 발현되고 감정이 만들어진다.

사고 패턴은 과거의 경험을 통해 구축된다. 특정된 일이나 사건으로 인해 무서운 경험으로 남아 있을 때, 우리들의 몸은 불길한 예감으로 반응하려고 한다. 나에게는 아무렇지도 않았던 일이 다른 사람에게는 두려운 일로 다가오는 것은 그 때문이다.

사건의 사고나 예측은 사건 자체보다 반응이 훨씬 더 좌우한다. 「무서워할 거 없어」라고 생각하는 것은 좋지만, 마음에는 이미 「두려운 것」이 도사리고 있다. 현실이 따라줄지 몰라도 사고하는 것만으로도 두려움은 음습한다. 이런 불필요한 사고를 지우려고 하지만, 감정과 마찬가지로 완전히 억제하려면 그에 비례해 강한 반발을 받기도 하다.

상념의 「이야기」가 우리들 행동을 속박한다.

사고는 우리 자신이나 주변 사람에게 지나친 「이야기」로 전해준다. 이럴 때 그 이야기는 당신의 마음을 유혹한다.

예를 들면, 「분명 대처할 수 없어」「모두가 싫어하고 있어」「나는 ○○같은 사람이야」라고 자신에게 말한다. 사실 여부를 떠나 증명할 방법이 없는 이야기를 믿고 그 개념에 사로잡혀 그것이 자신의 모습이라고 단정 짓는다. 그로 인해 스스로 규정한 이야기의 범주안에서만 활동하게 되고, 굳이 밖으로 나가지 않을 수 있다.

일반적으로 이런 종류의 스토리는 유아기 때의 체험이나 사회로부터 받은 오래된 정보나 잘못된 사실에 기초한다.

하지만 '카더라'를 지나치게 믿어버리면 사실을 파악하는 방식이

왜곡되고, 결국엔 스토리대로 행동하게 된다. 그 결과 점점 스토리에 몰입하게 된다.

오랫동안의 사고 패턴이 가장 강력

우리 마음속에서 '사고'라는 열차는 끊임없이 왕래한다. 우리가 행동을 결정하는 것도, 탈선하지 않고 앞으로 나아가는 것도, 원래 있던 장소를 생각하는 것도 그런 수많은 열차가 있기 때문이다.

하지만 사고에는 도움이 되지 않는 것도 있다. 무작위적인 뇌의 작용으로 만들어진 의미 없는 부산물도 있다는 것이다. 뇌의 자연스러운 성향에서 만들어진 생각이 있는가 하면, 살아오는 동안에 저절로 자라난 사고 패턴도 있다.

그럼에도 불구하고 유달리 주의를 끄는 것은 가장 큰 사고, 즉 가장 예전부터 존재해 온 사고이다. 오랜 사고패턴은 익숙하게 사용한 신경회로를 바탕에 깔고 있으므로 그 열차는 편안하게 당신의 마음을 돌아다닌다. 너무 오랫동안 같이 했기 때문에 그 사고는 이제 당연시되어 현실처럼 느껴지는 것이다.

더구나 그런 확고한 사고는 두렵고 불쾌한 사고인 경우가 많아 우리의 주의를 끌려고 무시할 수 없는 몸의 감각을 만들어낸다. 그래서 큰 목소리에는 바람같이 사라지면서 정말로 유익하고 작은 목소리의 사고는 간과하기 쉽다.

자신의 머릿속에 있는 「스토리」로 인해 혼란 받지 않도록

계속해서 달리는 사고라는 열차가 우리의 견해, 느낌, 행동에 미치는 영향을 계측하기는 힘들다. 하지만 그 영향은 일방적이지 않다. 사고는 기분과 연동되는 경향이 있으므로 기분이 다운되었을 때 사람은 부정적으로 사고하기 쉽다.

우리가 뇌를 믿는 것은 맞는 것처럼 느끼지만 그것은 기분 탓이다. 뇌가 내보내는 정보는 초점을 맞추는 법이나 성향, 과거의 체험, 추측에 의해 필터에 걸려져서 왜곡될 수 있다.

하지만 여기서 좋은 뉴스. 사고로부터 나오는 좋지 않은 말에 현혹되지 않고 자신에게 유익한 방향으로 사고를 유도할 수 있다는 점이다.

사고가 만들어낸 스토리에 의식을 집중시켜 한 걸음 물러서면, 효과적으로 사고에 반응할 수 있게 된다는 것이다.

EXERCISE 1
사고의 존재를 깨닫는다

사고에 대응하기 위해서 먼저 사고를 깨달아야 하는데, 그것이 그리 간단하지 않다. 사고라는 열차는 고속일 때랑 자동적일 때를 항상 알아차린다는 것은 쉽지 않기 때문이다.

사고를 깨닫는 연습은 앞에서 몇 번이나 설명했다. 감정을 품은 자신을 책망할 때, 어떤 사고에 초점을 맞추는지, 어떤 비교를 하고 있는지, 임포스터 증후군에 빠졌을 때 어디서 원인을 찾아낼지 등등은 모두다 당신이 깨달은 「사고」였던 것이다.

감정에 영향을 끼치는 사고는 이외에도 다양하게 발현된다. 사고는 감정을 만들어내기도 하지만 감정으로부터 만들어지기도 한다. 이 두 가지는 양방향 도로와도 같은 개념이다.

그렇다면 처음부터 유익하지 않은 사고가 자신 안에 있는지, 있다면 어떤 사고인지를 확인해 보겠다.

스텝1 사고를 깨닫는다.

여유를 갖고 마음이 가는 곳을 찾을 수 있는지 시험해 보자. 「지금 무엇을 생각하고 있나?」라고 자신에게 물어보기 바란다. 지금 내 의식은 무엇에 관심을 쏟고 있나?

이 훈련문제는 싫은 기분이 들 때 도움이 될 것이다. 생각 중인 사고 패턴을 싫은 기분의 한 가지 요인으로 특정하기 바란다.

스텝2 그 사고가 유익한지 생각해본다.

사고는 사고일 뿐 사실이 아니라고 인식하도록 한다. 그 사고는 당신을 위한 것인가? 그 사고로 인해 어떤 기분인지 깨달아보기 바란다. 행동에 대한 영향이 있는가?

그 사고가 행동이나 감정에 어떻게 영향을 끼쳤는지 명확하게 하려면 감정의 사이클을 사용하는 것이 좋다.

EXERCISE 2
사고패턴을 인식한다

인간의 사고에는 어느 정도 정해진 경향이나 패턴이 있으므로, 그것을 이해하면 자신의 사고패턴을 쉽게 깨달을 수 있다. 자주 볼 수 있는 사고패턴을 소개해 보겠다. 자신에게 해당되는 것을 체크하도록 한다. 실제로 그 패턴이 발생했을 때 쉽게 깨닫게 될 것이다.

☐ **Check 자신을 책망 한다.**
　원인은 자신에게 있다고 생각하고, 실제로는 자신 탓이 아닌(적어도 자신이 생각할 만큼 자신의 탓이 아닌) 일에 책임감을 느낀다.

☐ 서투른 독심술을 쓰다.

타인이 나를 어떻게 생각하는지를 추측해 본다.

그런데 우리는 특별한 점쟁이가 아니기 때문에 추측은 대개 오판하는 경우가 많다. 타인들이 당신을 나쁘게 생각할 가능성이 없거니와 그들은 보통 자신의 일에 빠져 있으므로 당신에 대해 생각할 여유도 대부분 없다.

☐ 서둘러 결론을 내린다.

불안을 해소하고 싶은 마음에 차분히 생각하지 않고 조급하게 잘못된 결론을 내린다. 그 결과 「이렇게 해보고 싶은데」 「하지만 면접에서 떨어질게 뻔해」등의 섣부른 결론을 유도하게 된다.

☐ 뇌에 필터를 집어넣어 알고 싶은 것만 통과시킨다.

뇌는 정보를 필터로 걸러내어 신속하게 선별한다. 그러면 이미 알고 있는 정보와 일치하는 정보인지 쉽게 걸러진다.

「자신은 시시한 인간」이라는 편견을 가지면 뇌는 그러한 정보만 수집한다. 당신이 뭔가에 두려워하면 그런 것들만 눈에 들어올 것이다. 뇌는 상황의 정보를 필터로 걸러 「보여지는 것들」만 본다.

즉, 당신과 생각이 다른 스토리를 발견할 수 있는 정보들을 놓치게 된다.

□^{Check} 과장되게 생각한다.

어떤 일을 허투루 보고 결론을 내린다. 실패했을 때 일어나기 쉬운 패턴이다. 가령 「엉뚱한 업무를 전달 받는데, 이 일을 잘 못할 것 같은데…」라고 속단하는 경우가 있다. 동료의 눈치까지 보면서…

냉정히 보면 일 자체의 속성을 모르고 지레 겁먹고, 당시 순간적으로 일어나는 상황에만 매달리는 것은 낙심천만한 일이다.

□^{Check} 흑백논리에만 매몰된다.

우리는 자신의 기준에 맞춰 타인의 인품을 단정짓는 경우가 있다. 하지만 인품은 고정적이지 않다. 그렇게 틀을 좁히는 것은 자기 자신이나 행동에도 무익할 뿐이다. 필자가 자주 보는 것 중 「자신은 스트레스를 받거나 속앓이를 하는 타입이 아니다」라고 단정 짓는 사람들이 왕왕있다.

그런 사람들은 더 이상 스트레스를 무시할 수 없는 상태가 된 다음에 비로소 스트레스를 실감하게 된다. 인격이나 세상살이는 단순히 흑백논리로 결정될 수 없다는 사실을 깨닫는다. 처음에는 그것이 찜찜하지만 긴 안목으로 볼 때 옳게 작용할 수도 있다.

깨달은 사고에 「대응」한다

부정적인 감정을 불러오는 사고를 깨달았을 경우 대응방식은 두 가지가 있다.

하나는 한 발 물러서서 사고를 관찰한 후 어떤 사고와 공조할지를 결정하는 것이다.

또 하나는 사고와 정면으로 마주한 다음, 객관적 시점에서 그 사고가 옳은지를 생각하는 것이다.

어떤 방법이든 효과는 동일하다. 사고에 함몰되지 말고 사고를 관찰하는 것이라야 파생되는 행동을 찾을 수 있다.

필자의 카운슬링에서도 이 두 가지 방법을 통해 효과를 보고 있다. 그러므로 실제로 시도해 보고, 자신에게 맞는 쪽을 선택하기 바란다.

또는 양쪽 모두 도구상자에 뒀다가 상황에 따라 꺼내 쓰는 것도 좋을 것이다.

동조할 사고를 정한다.

한 발 물러서서 생각을 한 다음 「무리하게 이 열차에 올라탈 필요가 있을까?」라고 침착하게 판단할 수 있다면, 다음번에 탈 열차를 자연스레 선택할 것이다.

사고라는 열차가 다가오면 우리 뇌의 작동은 평소대로 생각하고, 가벼운 인사 정도하듯이 돌려보내면 된다. 싫을 땐 생각하지 않으면 된다고 명확하게 판단내리면 되는 것이다.

사고가 떠올랐다고 해서 낱낱이 진지하게 믿을 필요는 없다(사고가 떠오르는 이유는 얼마든지 있기 때문이다).

다음 5가지 스텝에 따라서 어떤 사고 열차를 탈 것인지 정해 보자.

스텝1. 한 발 물러서서 사고를 관찰한다.

그렇게 해서 사고를 있는 그대로 받아들인다. 사고는 사고에 지나지 않기 때문에, 사고를 쫓아서 행동하지 않아도 된다. 사고가 떠올랐을 때 「나는 지금 ~라고 생각해」라고 마음 먹으면 사고와 거리를 두기가 쉬울 것이다.

사고는 사실이 아니라고 자신에게 자주 독백할 필요가 있다. 리얼하다고 해서 사실이 되지는 않는다. 무섭더라도 사고는 사고에 지나지 않는다.

스텝2. 사고에게 인사한다.

마음속에서 다음처럼 말을 건다. 「안녕, 사고열차야. 네가 말하는 건 알겠지만 나는 네가 지나는 걸 지켜볼테니, 그보다 어느 것을 통과해야 할지 깨달을 거야」

스텝3. 스토리와 패턴을 확인한다.

자주 있는 사고 패턴이 어디에 맞는지 알게 되면 열차가 전해주는 스토리를 판별할 수 있다. 그것은 뇌 속을 왕래하는 스토리에 지나지 않는다고 마음에 말해 주고 그대로 보내주면 된다.

스텝4. 거부하지 말고 받아들인다.

뇌는 필사적으로 당신을 도와주려고 하지만 그것이 잘 안 될 경

우도 있다. 그러므로 거부하지 말고 가볍게 인사해 주면서 사고가
통과하기를 기다리는 것이다. 정말로 사고를 받아들일 필요는 없다.

스텝5. 다른 각도에서 바라본다.

조금은 사고와의 접촉방식을 바꿀 수 있는 방법이 있다. 사고를
깨달았을 때, 장난어린 투로 노래나 이야기로 하는 것이다. 그러면
사고로부터 한 발 떨어진 상태에서「진지하게 고민할 건 아니네」라
는 생각이 들기도 한다.

사고와 맞선다.

'맞선다'라는 뜻은「사고를 긍정적으로 받아들여라」라는 의미가
아니다. 객관적으로 그 사고가 합리적인지 여부를 곱씹어봐야 한다.
사물을 공평하고 올바르게 파악하기 위해서 마음을 뒷받침하는 것
이다. 사고를 물고 늘어지거나 쫓아내려고 하면 오히려 반격을 당
할 수도 있지만, 사고와 협력하면 다른 접점을 찾을 수 있다.

최종적으로 유연한 사고를 익힘으로써 흑백을 구분하려는 사고로부터 벗어나, 넓고 공평하게 또는 치밀한 접점에서 사고할 수 있게 된다. 이런 방법으로 사고에 대응할 때는 다음 3가지 스텝을 밟는 것이 좋다.

스텝1. 한 발 물러서서 사고를 바라본다.

- 사고의 내용을 종이에 적어본다.

스텝2. 다음과 같이 질문해 본다.

- 이 사고는 상황을 공평하게 평가한 결과일까?
- 나는 현재 상태에서 어떤 결론을 끌어내고 있나?
- 현재 상태를 파악하는데 왜곡할 만 한 요인이 있지 않을까? (예 : 상당한 스트레스를 받고 있다, 수면부족, 감정적이다)
- 상황을 조금 떨어져서 바라보면 어떻게 보일까?
- 지금 고민하는 것이 1개월 또는 1년 뒤에도 중요할까?
- 같은 상황이라면 친구는 뭐라고 얘기해 줄까?
- 훈련문제 2의 227페이지 일러스트에 있는 사고 패턴에 빠져

있지 않나?

- 다른 결론이 타당할 만한 근거는 없나?

- 또 다른 의견이 있지 않을까?

스텝3. 어떤 결론이 나왔나?

현재 상태를 공정하게 파악했다면, 어떻게 보였나? 대답을 적어
보기 바란다. 다음과 같은 사고 패턴에 빠졌다면 지금 쓴 것을 떠올
려 보자.

TOOL 18

**마음속에 있는
「심술보」를 내보낸다**

누군가 당신 친구를 향해 「전혀 쓸모없는 놈이야!」라고 말한다면 어떤 생각이 들까? 일반적으로 「왜 그런 막말을 하지」라는 생각이 들 것이다. 어쩌면 그 사람에게 대들면서 「말이 너무 심하잖아」라고 항의할 것이다.

심지어 「저 인간은 남을 헐뜯는 게 취미야」라고 친구를 위로하면서, 흉보는 이유들을 나눌 것이 틀림없다.

그런데 우리 마음속에도 대개 이런 심술보가 있다. 짬만 생기면 나를 비난하거나, 언젠가 들었던 것을 너저분하게 반복하거나, 자기 불신감을 파고 들거나, 마음의 약점을 이용할지도 모른다.

심술쟁이를 심술궂다고 인식해서 쫓아내면 좋겠지만, 우리는 무심코 심술보를 믿을 때도 많다.

때로는 심술보의 말을 객관적 근거도 없이 무조건 수용하는 경우를 본다.

현실의 심술쟁이에 대해서는 「역시 그건 이상한데」라고 명확하게 선을 그을 수 있지만, 마음 속 심술쟁이에게는 너그러운 태도를 취한다.

마음속 심술궂은 말들

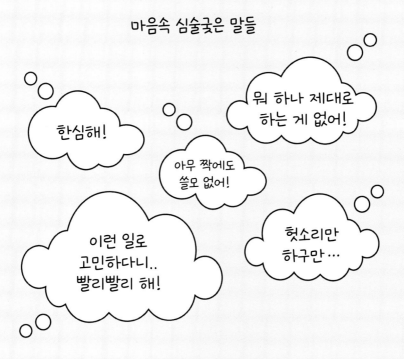

친구가 심한 말을 하면 객관적인 눈으로 단호히 비판을 거부하는 반면에, 자신의 일일 때는 곧장 주관적으로 바뀌기도 한다.

그 결과 머릿속 심술보는 거의 오픈상태가 되어 일상생활에서 일일이 지적질을 하기 일쑤다. 이런 지적질에 익숙해지면, 자각하지 못한 채 슬며시 우리에게 좀먹고 들어온다.

우리 모두는 머릿속에서 대화의 장을 펼친다. 그러면서 내용들은 우리 몸의 반응, 뇌 안의 화학물질, 감정에 영향을 끼친다.

만약, 하루 종일 비판적인 말을 듣는다면 어떤 기분일까? 풀이 죽는다거나 슬퍼지거나 불안하거나 의욕을 상실하는 등 정신적으로 쫓기는 상태에 빠지지 않을까.

스스로 자신을 비판하게 되면 그에 대해 위협 반응이 생겨 불안과 긴장감이 덮쳐온다. 1년 내내 계속되는 비난에 누구라도 견딜만한 사람은 아무도 없다. 따라서 이 정도에서 방향을 전환하여, 셀프 심술은 그만 끝내는 노력이 필요하다.

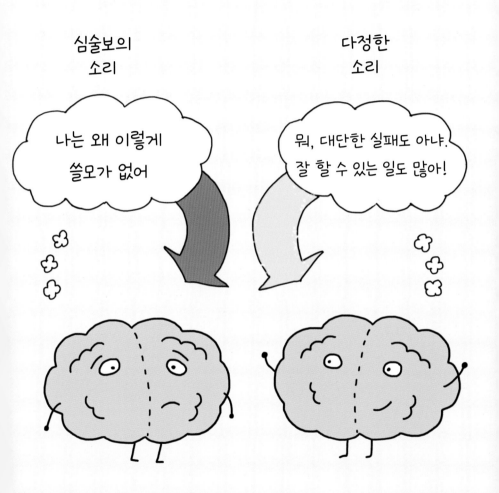

마음속에 있는 심술보를 파악한다

마음속 심술에 상대하려면 마음속 심술보를 「파악하는」것 부터 시작해야 한다.

심술쟁이를 오픈된 곳으로 끌어내 정체를 노출시킬 필요가 있다 (심술의 정체는 약점이나 열등감에 붙어 함부로 비난을 퍼붓는 경우가 다반사.

마음 속 심술쟁이를 파악하고 진지한 대화가 오갈 때 비로소 심술보의 힘이 빠진다. 그런 다음에는 심술이 객관적으로 보이고 매서운 눈으로 가늠할 수 있다.

심술을 끌어내는 최선의 방법은 심술쟁이가 언제 활동하는지, 무슨 말을 하는지를 파악하는 것이다.

심술쟁이가 활동하는지의 여부를 포착하는 단서는 「불쾌한 기분」에 있다. 심술쟁이는 일반적으로 실수나 「잘못했다」「바보같다」「창피하다」같은 생각을 비난의 소재로 삼기 때문이다.

명확한 계기가 있어 비난이 시작되는 경우도 있지만, 아무렇지도 않은 것이 원인일 때도 있다. 후자 같은 경우에는 계기를 찾아내기가 상당히 어려운 경우도 많다.

마음속 심술의 사인(sign)을 깨달았다면 「심술쟁이가 뭐라고 하는 거야?」라고 자신에게 물어본다.

자기비판에는 패턴이 있는 경우가 많아서, 항상 같은 걸 반복하는 것이 많으므로 알아차릴 수 있다.

그리고 심술쟁이의 모습을 상상해 보자. 뇌 안의 사고에 형상을 그린 다음 밖으로 끄집어 내 관찰해 보자. 예컨대, 밖으로 나온 심술쟁이가 당신을 전면 부정하는 북유럽 신화에서 나오는 악행을 일삼는 나쁜 요정 트롤(Troll)인가? 당신을 따라다니면서 무능함을 지적질하는 교활한 여우인가?

이런 식으로 시각화하면 상대를 더 객관화할 수 있을지 모른다. 시각화하는 목적도 마음속 심술의 존재 그리고 그 심술쟁이가 내던지는 말을 파악하려는데 있다.

심술은 객관적인
시점으로 바라본다

당신을 못살게 구는 마음속 심술을 파악했다면, 이제 그 발언을 객관적으로 음미해 본다. 여기서 우리는 자신과 접촉할 때보다 타인과 접촉할 때가 훨씬 더 객관적이라는 사실을 감안해야 한다.

자기 자신은 제3자 입장에 서서 객관적으로 응대하기가 어려운 것은 당연하다. 심술은 우리의 과거 체험이나 신념, 감정과 깊게 연결되어 있기 때문에, 자신이 무엇을 어떻게 느끼는지를 심술과 분리하기에는 까다로운 일이다.

반면에 타인의 상황이나 다른 심술보에게는 비판적이고 객관적인 눈길을 주는 것은 먼저보다 훨씬 간단하다. 또한 우리는 타인과 접촉할 때 친절해지는 경향이 있다.

그래서 심술이 시작됐을 때, 자신과 같은 상황에 처한 친구에게 말을 건네는 어투를 생각해 보자.

「그런 실수를 하다니 바보아냐」라고 말할 것인가? 아니면 온기있는 말을 건넬 것인가? 분명 후자일 것이다. 이유는 타인의 상황을 객관적으로 보기 쉽기 때문에 그렇다.

솔직히 이런 상황에 처한 사람에게는(자신을 포함해서) 마음속 심술쟁이가 말하는 어투가 아니라, 다정한 말을 건네는 것을 통해 도덕적 언어로 구사했을 뿐이다.

EXERCISE 3   마음속에 가장 다정한 목소리를 키운다

마음속 심술은 부당하게 냉엄하다는 사실도, 상황을 객관화할 수 있다면 자신에게 다정한 눈길을 줄 수 있다는 사실도 알았다.

이제부터는 다정한 마음의 목소리를 키워보자. 자신에게 다정하게 대하면 진정계 시스템이 작동하기 때문에 안심감이나 안정감, 자신을 소중히 여긴다는 감정을 얻을 수 있다. 결과적으로 힘든 상황을 통제할 수 있다는 느낌도 상승한다는 것이다.

친구가 같은 상황에 처해 있다면 뭐라고 위로의 말을 건넬까? 비난섞인 왕따 발언을 어떻게 반박할까? 좀 더 공평하게 상황을 파악하면 어떻게 보일까? 이런 객관적 목소리를 자신에게 적용해 보자. 새롭게 다듬어진 다정한 목소리는 항상 옆에 있고 당신을 지켜주는 마음속 친구이다.

처음에는 자신의 다정한 어휘들이 믿기지 않는다. 사고 패턴을 바꾸고 재구축하기까지에는 얼마간 시간이 소요될 것이다. 심술은 항상 익숙한 길로 가려는 속성 때문에 닦여지지 않은 길을 항상 힘들어 하기 십상이다.

그러므로 응원과 갈채를 보낸다면 그 길을 쉽게 헤쳐나갈 수 있지만, 반대로 수렁에 빠져버리면 예전으로 회기할 수도 있다.

만약, 심술이 되돌아 온다면 마음의 케어의 노력은 배가 될 수밖에 없다. 그렇다고 이전으로 돌아간 자신을 책망하지 말고 「자신을 더 다정하게」라고 하는 경고 메시지로 인지하기 바란다.

「~해야만」「~이어야만」에
휘둘리지 않는다

지금부터 「마땅히 해야 한다(당연함)」에 대하여 소개하겠다. 247 페이지 일러스트에 말풍선 모양의 귀여운 생물들이 그렇다.

「당연함」은 큰 눈동자로 당신을 바라보면서, 당신을 위한 것이라고 생각하게 만들고 의욕적인 목표를 부추긴다.

무엇을 해야 할지, 어떤 사람이 돼야 할지, 부모로서 어떻게 해야 할지, 어떻게 느껴야 할지를 전달해준다. 「당연함」이라는 말은 이치에 맞는 것처럼 생각되기도 한다. 왜냐하면 본인은 사회로부터 유능하고 인정받고 싶은 생각이 당연하기 때문이다.

하지만 「당연함」은 부정확한 정보나 잘못된 인식에 따라 자기 불신감이나 타인과의 비교, 자기비판, 비현실적인 전망 등을 먹이로 삼아 성장한다. 그리고 우리의 「실태」와 「그래야 하는 모습」 사이에

<mark>커다란 틈새</mark>를 만들어낸다.

그러면서 그 이상과 현실의 골짜기에 정착한 결과, 뇌 안에서 상당한 공간을 차지하게 되는 것이다.

생각을 남용하는 「당연한」 사고

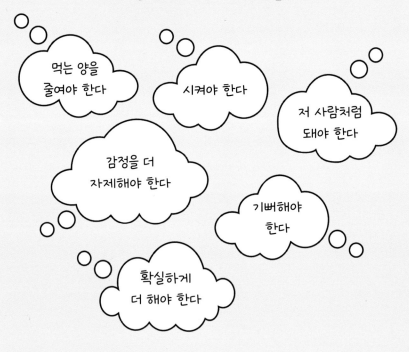

우리를 추궁하는 「당연함」사고

「당연함」은 당신에게 속삭인다. 기뻐해라, 이 정도는 할 수 있어, 아이들에게는 최선의 애정을 표현하렴, 무엇이든 척척 해야 해!

그렇게 「〜해야 한다」고 말하면서 「〜해서는 안 돼」라고 넌지시 내비치는 것은 「당연함」의 상투적 수단이다. 결코 속내를 드러내지 않은 것 같지만 결국에는 그렇게 내포하고 있는 것이다.

불평해서는 안 돼, 육아와 가사를 같이 병행할 때 힘들어 하면 안 돼, 부모로서 힘들다고 하면 안 돼 등등. 요컨대 「더 잘 하는 것이 당연하지」라고 말하는 것이다.

「당연함」은 아이들에게까지 간섭하려 한다. 아이들에게 책을 읽혀야 한다, 영리하게 키워야 한다, 공부를 잘 해야 한다 등등.

「당연함」을 실현하면 행복할 거라는 착각

「당연함」은 바보가 아니다. 당신을 믿게 만들면 반드시 현실과 이상에 틈새가 생긴다는 사실을 알고 있다. 그 틈새에 바로 「당연함」이 도사리고 있다. 달성 불가능한 목표는 실현되지 않고, 물론 비현실적 전망도 빗나간다. 말하자면 「당연함」은 실망으로 가득 차 있고, 굴욕감을 맛봐야 할 것들로 약속된 땅이다.

「당연함」이 저쪽으로 가면 더 좋은 인생을 맞을거야, 행복할 수 있어, '뭐든 잘 될거야'하면서 당신을 믿게 만든다.

「당연함」은 굴욕감, 죄악감, 실망감의 함정을 만들고 거기에 널리 퍼져있다. 하지만 숨은 사람을 찾아내 듯 비난의 창끝은 「당연함」쪽 사고로 돌리지 않고 자신한테 책임을 묻는 경우가 있다.

그러므로 「당연함의 틈바구니」에 주의하고, 그곳으로 떨어졌을 때는 바로 깨달을 수 있어야 한다.

지금 있는 장소

「당연함」이라는 틈새를 주의하라!

저쪽 세상에는

많은 일을 해라

시켜야 해

홀로서기 해

확실하게 해

좋은 부모가 돼야 해

운동해

자신있게 해

곤란한 일을 처리해

있어야 한다고
생각하는 장소

실현할 가치가 있는 「지당함」도 있다.

반면에 가치 있는 「지당함」은 정확하게 구별해야 한다. 그런 「지당함」에는 때때로 큰 가능성이 숨어 있으므로 세상을 바꿀 수도 있다.

'캐롤라인 크리아도 페레즈'는 「의회광장(런던 중심부에 있는 광장)에 더 많은 여성 조각상을 세워야 한다」고 주장하면서 설치 운동을 일으켜 결국에는 실현시켰다.

'그레타 툰베리'는 「자연환경을 소중히 해야 한다」고 부르짖으면서 그의 신념에 따라 행동으로 옮겼다. 이 두 사람은 「지당함」을 직접 행동으로 옮겼다. 「마땅히 해야 할 일」이 아니라 「할 수 있는 일」을 했던 것이다.

'쟁취할 만한 가치가 있어야 한다'와 '자신을 다그쳐야 한다'를 구별할 수 있다면, 전자를 실행가능하고 구체적인 목표로 바꾸어 내적으로 죄책감을 부추기는 후자의 「지당함」을 상쇄시킬 수 있게 된다.

EXERCISE 1
「당연함」을 찾아낸다

247페이지 일러스트를 힌트 삼아 당신 속에 있는 「당연함」을 특정해 보자.

「당연함」이 뭐라고 하나? 「당연함」의 목소리 전부를 새로운 종이에 적어보자.

EXERCISE 2
「당연함」의 틈바구니를 메꾼다

남겨두고 싶은 「당연함」을 구분해 보자. 언짢은 기분이 드는 것은 어떤 것인가? 그 당연함」이 「틈바구니로 가면 지금보다 훨씬 멋진 인생이 기다리고 있을까?」「당연함」이라고 말하는 사람은 누구인가? 그 목소리는 과거서부터 들려온 것인가? 그것은 당신의 신념인가 아니면 타인이나 사회로부터 들어온 것인가?

당신의 「당연함」을 다음 4가지로 분류해 보자.

1. 지팡이를 가진 「당연함」 – 부당하게 지팡이로 당신을 때린다. 싫은 기분을 불러온다.

2. 신화같은 「당연함」 – 저 길로 가면 인생이 좋아진다고 말한다. 정말일까?

3. 꿈같은 「당연함」 – 「~했으면 좋았을 텐데」라고 생각하게 한다. 그것은 비현실적인 목표인가 아니면 노력할 가치가 있는 목표일까?

4. 가치관이 만들어지는 「당연함」 – 당신의 가치관과 일치하면서 지향할 장소로 이끌어준다.

1과 2에는 이미 소개한 방법을 사용할 수 있다. 217~233페이지의 「자신의 사고 패턴을 깨닫는다」를 참조해 주기 바란다.

3은 소망과도 같아서, 가부의 결정은 다른 차원의 문제라고 생각하기 바란다. 그 소망이 비현실적이 아니라면, 그 사고와 공감될지는 능동적으로 정하도록 하자(228~233페이지의 「깨달은 사고에 『대응』한다」의 훈련문제를 참조).

또는 「당연함」이 발생하면 생각하고 있던 일이 일어날지를 염원해 보는 것이다.

EXERCISE 3
「당연함」을 「가능함」으로 바꾼다

4가지 분류의 마지막에 해당하는 「가치관이 만들어지는 당연함」의 경우, 막연한 「당연함」을 구체적인 「가능함」으로 바꿈으로써 실행 가능한 목표로 변신시켜야 한다(189~201페이지의 「포지티브한 변화를 일으키기 위해서 목표를 설정한다」 참조).

예컨대, 당연히 친환경적으로 행동해야 한다고 생각하면 「재사용이 가능한 포장을 선택하자」고 말함으로써, 마땅히 죄책감이 드는 행동을 달성 가능한 행동으로 바꾸는 식이다.

Q 내가 당연히 해야 할 일은…

Q 내가 할 수 있는 일은…

「파멸화」라는 사고를 경계한다

뇌는 「위협」을 바로 감지하여 주의력과 에너지가 어디로 가야 할지 예측할 뿐만 아니라, 미래의 계획과 예상에도 뛰어난 수완을 발휘한다.

이 2가지 훌륭한 능력을 조합하면 우리의 행동을 목표 달성하는 데 촉진제로 사용할 수 있을 것이다.

하지만 뇌의 능력은 많은 도움이 되지만 때로는 부정적으로 작용하는 경우도 많다.

우리는 예상력과 위협 감지력이 혼재되어 갑작스런 폭발물로 변질되는 경우가 있다. 뇌가 생각하는 부정적인 상황이 발생했을 때, 필요 이상으로 급진되어 위협을 실제 이상으로 예측해 버리는 상태를 말한다. 예측과 다르다는 사실을 깨달았을 때 뇌는 이미 폭주한 상태라서, 우리는 초신성 폭발수준의 파멸에 빠진다.

어디를 봐도 공포스런 것들뿐이라서 최악의 시나리오를 피할 수 없는 지경에 이른다. 결국에는 「틀림없이 대참사가 벌어질 것!」이라고 생각할 수밖에 없다.

이런 사고를 심리학 용어로는 「파멸화(Catastrophizing)」라고 한다. 계기는 일상의 사소한 일이다. 아이가 칭얼거린다, 요리를 태워 먹었다, 사소한 실수를 했다, 친구에게 쓸데없는 말을 했다 등등. 조금 더 큰 계기로는 시험성적이 생각했던 것보다 낮았다, 아이를 하루 종일 혼냈다, 몸이 찌뿌둥한 증상이 있었다 등등.

사고가 폭주한 나머지, 「이제 인생 끝」이라고 생각한다.

이런 상황이 친구라면 「큰일 아닐 거야」「너무 나쁘게만 생각하지 마」라고 말하겠지만, 뇌는 친구한테 하는 것처럼 그렇게 작동하지 않는다.

뇌는 그런 정보가 들어오면 깊게 생각한다. 그리고는 '우사인 볼트'를 능가하는 속도로 달려나가 도착지점에 잽싸게 도달한다. 그곳에 한 번 떨어지면 쉽게 빠져나올 수 없는 파멸적 골짜기일 수 있다.

어느새 머릿속은 세상의 파멸을 피할 수 없다고 여긴다. '시험이 C밖에 안 돼'라고 생각하지 않고 「이제 인생은 끝이야」라고 포기해 버린다.

'하루 종일 꾸짖기만 했다'(누구나 그런 날이 있다)로 끝나지 않고, 「아이한테 평생 남을 상처를 준 것 같아」라고 자학한다.

파멸화로 폭주하는 사고

'조금 경솔했던 것 같다'로 끝나지 않고 「이제 다시는 말을 걸지 않을 거야!」라고 생각한다. 이제 이 세상의 끝으로 각인하는 것이다.

때로는 문장의 맥락을 무시한 어리석은 사고로 비화될 것이다. 하지만 그 문맥의 한 가운데 있으면서 감정이 고조되면 사고를 통제하기 어렵다. 따라서 그런 상식적 궤도를 이탈한 결론은 필연적으로 진실처럼 느껴진다.

「반드시 그렇게 될 거야」라고만 생각된다. 의심의 여지가 없는 것이다. 그로 인해 당신의 마음은 거의 로켓 같은 기세로 파멸적 비운이 가득 찬 골짜기로 뛰어들고 말 것이다.

골짜기로 떨어지는 동안에도 마음은 끊임없이 예측한다. 엄청난 충격으로 다가올 가능성을 매우 높게 예측하기도 하고, 반면에 최악의 사태가 발생하더라도 얼만큼 대처할 수 있는지를 나름 아주 낮게 예측한다. 나쁜 일이 생기면 자신은 무기력해질 거라 생각하는 사람이 많지만, 실제로는 그런 사람은 극히 일부일 뿐, 대개는 그 상황에서 원만하게 대응한다.

쉽게 파멸하는 경우가 언제일까?

파멸의 골짜기로 떨어지기 쉬운 대표적인 상황은 몇 가지가 있다. 감정의 커패시티 컵이 넘칠 때(63~75페이지 참조)가 그렇게 될 가능성이 높다. 우리의 뇌는 멀리서 여유로운 자세로 상황을 바라볼 여유가 없기 때문이다.

「불확실성」, 즉, 오리무중의 상황에서는 사고가 우왕좌왕하는 시작점이다. 우리 인간은 확실성을 선호하는 성향이 강하다. 미래의 계획을 세우듯 확실성을 높일 때 안정감을 느끼기 때문이다.

반대로, 인생에서 「불확실성」이 있을 때 불안하게 느끼므로 확실한 상황을 만들기 위해 불확실한 공백을 메꾸려고 한다. 그때 곧잘 「착각에 지나지 않는 부정적 결론」을 대입하여 최악의 시나리오를 묘사하기 시작한다. 이런 것이 원인이 되어 기분을 망치게 하는 것이다.

파멸하는 사고

왜 저런 말을
했지?

모두가 어떻게
생각할까?

모든 고양이가
분명 웃기는 놈이라
생각하겠지

오늘은 애들을
혼내기만 했네

가여운 아이들
괜찮을까?

평생 상처가 되면
어떡하지?

잠이 안와

내일은 제대로
일할 수 있을까?

말도 안되는
실수를 할 게
뻔해!

EXERCISE 1   잠시 정지한 채 생각의 허들을 설치한다

사고하는 내용을 알면 출발 신호와 함께 사고가 급진하려고 할 때 그 움직임을 즉시 인지할 수 있다.

그렇다고 마냥 사고에 끌려가서는 안 된다. 당신이 전진하려는 사실을 인지한 것만으로도 사고는 바로 탄력을 받아 감속을 시작할 것이다. 여기서 사고의 감속을 위해 허들을 설치하여 다른 경로로 유도할지, 아니면 경우에 따라서 출발선으로 회귀하도록 해야 한다.

Q 뇌가 예측하는 최악의 시나리오가 현실이 될 가능성은 어느 정도?

Q 그 시나리오를 뒷받침할만한 객관적 사실은 있나?

Q 만약 그 시나리오가 펼쳐지면 무엇을 할 수 있지?

Q 가장 있을만한 시나리오는 어떤 것일까?

Q 최악의 시나리오는 재앙일까 아니면 극복할 수 있을까?

　　사고는 패턴화될 경우가 많으므로 똑같은 상황이 반복된다. 이때 지금 던진 답을 생각할 수 있다면 패턴화된 상황에 휩쓸려 파멸의 길로 가지는 않을 텐데…?

EXERCISE 2　감사하는 마음으로 「지금 여기」에 집중한다

필자는 습관적으로 무슨 일이든 한 번 의심하고 보는 성격이라, 처음에 감사하는 생각이 들었을 때도 쉽게 믿음이 가지 않는다. 조금은 의심이 생기고 너무 빨리 속단한 게 아닐까란 생각에서다.

하지만 감사하는 가치를 뒷받침하는 결과를 인용하지 않더라도, 그것이 이치에 맞는 행위임의 결과라면 쉽게 알 수 있다.

감사하는 생각을 갖게 되면, 마음이 자동적으로 부정적인 편견으로부터 벗어나 거시적인 인식으로 편향된다. 그러면서 지금의 고마움이나 혜택을 받는 것들이 보인다. 언젠가는 사물 전체 모습들이 쉽게 파악될 뿐만 아니라, 그것을 두뇌에 기억해 둘 가능성도 높다.

뇌의 습성은 과도한 위험 상태인 채 빠르게 전진하는 것이 쉽게 억제되지 않는다. 머지않아 주행속도가 떨어지거나 애당초 출발을 하지 않는 사고패턴에 익숙해질 것이다.

소소한 것들을 깨달으면서 자주 감사하는 마음을 가지게 될 것이다. 그러면 선순환이 시작되면서 긍정적인 장점이 초래된다.

감사를 실행으로 옮기는 가장 간편한 방법은 정기적으로 감사하는 마음 3가지를 적어 보는 것이다. 이런 소소한 것들이 쌓여 인생은 풍요로움으로 진화될 것이다.

소소한 것들은 쉽게 기억에 남고 적기에도 편하다. 뇌에 감사 회로를 자극하여 혜택 받는 사실들로 하여금 쉽게 깨닫는 행위를 생각하기 바란다.

잠들기 전에 감사의 시간을 갖는 사람들이 많다. 그것은 뇌의 관점에서 봤을 때 현명한 방식이다. 수면은 기억의 저장을 도와주기 때문에 아울러 감사 회로도 만들어낼 가능성이 높은 것이다. 따라서 충분한 수면은 건강의 요소에 대단히 중요하다.

「불확실성」을 묵인한다

「불확실성」은 사고가 경주를 펼칠 때 변화의 동기로 작용한다. 그런데 이것을 일부러 묵인할 수 있는데 이 방법에는 심리적으로 「반추(Rumination)」를 억제하는 효과도 있다.

「반추」란 아무리 걱정해도 해결할 수 없는 고민(실제, 해결방법이 없는 고민인 경우가 많다)에 사로잡혀 끙끙거리며 괴로워하는 것을 가리킨다.

반추를 차단하려면 스스로 통제할 수 있는 것과 할 수 없는 것의 분리가 가능해야 한다. 통제할 수 없는 것은 바꿀 수 없기 때문에 논외로 하고, 통제할 수 있는 것에 시간과 에너지를 쏟는 것이 필요하다.

264페이지 일러스트를 사용하여 자신의 고민을 특정해서 분류해 본다. 스스로 통제할 수 있는 것은 푸른 풍선에, 통제할 수 없는 것은 핑크빛 풍선에 적는다.

통제할 수 없는 고민인 경우

- 그 고민과 관련된 감정과 사고를 수용하고 인식하도록 노력하자. 228~233페이지에서 사고에 대한 대응방법을 힌트 삼아 어떻게 하는 것이 좋은지 판단하기 바란다.
- 주의력을 현재로 되돌린다. 호흡에 집중하기 바란다.
- 고민을 내려놓을 방법을 찾아보자. 차분하게 친구와 이야기를 나눠보거나, 안정될 수 있는 방법을 시도해 보는 것도 좋다.

통제할 수 있는 고민인 경우

- 스트레스의 뿌리를 찾아본다. 81~83페이지의 엉켜버린 뇌를 푸는 훈련문제가 도움이 될 것이다.
- 그 스트레스의 원인을 통제하는 방법을 생각해 보자. 142~143페이지에서 소개한, 직접적인 계기를 해결하는 훈련문제를 힌트로 삼기 바란다.
- 그런 다음에 취할 수 있는 대책을 생각해 본다.

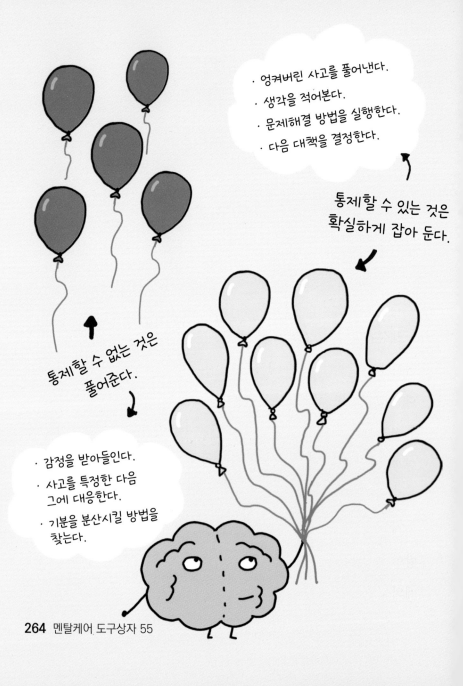

· 엉켜버린 사고를 풀어낸다.

· 생각을 적어본다.

· 문제해결 방법을 실행한다.

· 다음 대책을 결정한다.

통제할 수 있는 것은
확실하게 잡아 둔다.

통제할 수 없는 것은
풀어준다.

· 감정을 받아들인다.

· 사고를 특정한 다음
  그에 대응한다.

· 기분을 분산시킬 방법을
  찾는다.

「멘탈을 케어하는 도구상자」
마무리

　지금 이 책을 활용해 「멘탈을 케어하는 도구상자」를 준비하기를 바란다. 내용은 오로지 당신만의 것이므로, 잘 활용하면 **마음을 정기적으로 케어하면서 심적인 건강을 소중히 지킬 수 있을 것이다.**

　세상의 모든 심리학적 방법이나 근거있는 도구를 이 책에 모두 담기에는 한계가 있다. 만약, 자신에게 맞는 도구를 다른 데서 찾았다면 그것도 당신의 도구상자에 넣어놓기 바란다.

　도구의 유효성은 상황에 따라 바뀔 수 있으므로, 필요에 알맞도록 리스트를 바꾸는 것이 중요하다.

　사전에 도구상자가 있으면 쉽게 마음을 케어하겠지만, 그러나 멘탈이 떨어지거나 마음의 침울함이 완전 해소되는 건 아니다. 전세계의 이론과 방법을 알고 있는 전문가나 임상심리사라도 예외일 수 없다.

마음속에 고통이나 문제를 지니고 있다는 것은 인간으로 살아 있다는 반증이기도 하다. 살아가는 동안 누구나 멘탈 상의 아픔을 겪을 수 있는 것이다.

마음의 신호를 부정하거나 간과하지 말자!

중요한 것은 멘탈이 악화되는 사인을 깨닫고 적극적으로 대책을 세우는 것이다. 침울해진 마음을 부정하는 것이 「강한 인내심」으로 격려 받을 일만은 아니다. 그것은 고통을 키우고 사태만 악화시키고 있는지도 모른다.

더 큰 문제는 사태기 여기까지 악화됐음에도 불구하고 이것을 제대로 깨닫지 못할 때이다. 멘탈은 자기도 모르는 사이에 서서히 악화되기도 한다. 악화 징조의 증상이 나타나면 오히려 악화를 깨닫거나 도움을 요청하는 것도 어려워질 수 있다.

임포스터 느낌에 시달린 경우가 그렇다. 「침울할 게 아무것도 없는데 도움을 요청할 이유가 없지」하면서, 「나는 불안해지거나 스트레스를 받는 타입이 아니야」라고 자신에게 위로해 버린다.

하지만 그런 생각은 「누구나 멘탈을 아파할 가능성이 있다」는 사실을 부정하는 것이다.

가령 악화 조짐을 깨닫는다 하더라도, 도움을 요청하기까지에는 몇 겹의 장벽을 넘어야 한다.

상담에 임하면서 사리에 맞지 않는 논리나 맘에 들지 않는 불안을 느끼기도 한다. 뭔가 내가 이상한가 아니면 특별한가라는 생각마저 든다.

하지만 필자는 멘탈을 고민하는 수많은 사람들을 접촉하였으므로 믿어 달라는 것이다. **당신의 체험은 분명히 상담 받을 수 있는 상태이다.** 우리는 서로 다른 점보다 공통점이 훨씬 많기 때문에 고통에 관한 체험도 그 가운데 하나이다.

필요할 때 전문가나 공공 서비스에 도움을 요청하자.

　도움을 요청할 자격이 없다는 생각마저 든다는 것도 알겠다. 마음을 여는 것이 무섭고 참기 힘들어 하는 기분을 부정할 생각은 없다. 상대가 처음 마주하는 의료관계자라면 더욱 그런 기분이 들 수도 있다.

　하지만 마음의 병은 원인에 기초한 다양한 치료방법이 있다. 이것을 찾기 위한 방법으로는 **신체적으로 아플 때와 똑같은 수준으로 진행될 것이다.**

　다음 페이지의 일러스트를 보고, 당신이 생각하는 「건강한 마음」의 정의나 멘탈이 악화되는 신호, 그 신호를 깨달았을 때 취할 수 있는 대책이나 행동이 정리될 것이다. 대책이란, **필요에 따라서 전문가와 상담**하는 것이다. 또 이용할 수 있는 지자체의 공공서비스센터에서 서비스를 받게 된다면 향후 과정을 사전에 확인해 볼 필요가 있다.

내가 생각하는 「건강한 마음」의 정의

멘탈을 약화시키는 신호(Sign)

그때 어떻게 하는 것이 적절한가?

도움이 필요로 하는 신호(Sign)

의료진을 만나기 전에 경제적 부담을 덜기 위해서라도 당해 의료 보험제도나 실비보험 처리 가능 등을 알아두는 것이 좋다. 이런 정보를 사전에 파악해 두는 것만으로도 마음의 병을 덜 수 있으므로 「사전에 다양한 선택지 물색」을 하는 것이 현명하다.

「멘탈 구급상자」를 준비해 두자.

어떤 가정이든 몸의 상태에 따라 비상용 구급상자가 있듯이, 마음의 구급상자까지 갖추는 날이 온다면 얼마나 좋을까.

어쨌든 멘탈이 약화되기 시작할 때 사용할 수 있는 「멘탈 구급상자」를 만들어 놓자.

멘탈 구급상자는 미리 준비해 두는 것이 편리하다. 괴로운 상태일 때 머리부터 혼란스러워 무엇부터 손을 써야 할지 생각이 전혀 떠오르지 않고, 쉽게 판단하기 어렵기 때문이다. 구급상자가 있으면 대책을 세울 에너지와 수고를 줄일 수 있다.

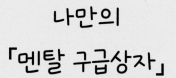

나만의
「멘탈 구급상자」

즐거웠을 때 사진
(즐거울 날이 올 거라고
생각하기 위해서)

지원 받을 수 있는
곳의 정보(홈페이지나
전화번호 등)

노트와 펜
(무엇이든 적어둘
수 있도록)

안정이나
기분전환에
도움이 될 만한
아이템(담요, 호흡
어플 쾩 등)

가족이나 친구,
과거 자신으로부터
격려 받았던 말을
생각해 낸다.

충분한 휴식을 취한다
(산책이나 외출 등)

기분이 좋아지는
플레이 리스트

짜증날 때
도움이 될 만한
방법 일람표

기억해 두고 싶은
명언이나 시

멘탈 구급상자에는 메일이나 전화를 통한 상담창구의 정보, 지방에서도 직접 지원을 받는 방법까지 넣어두는 것이 좋다.

전문가 도움을 받는 것은 부끄러운 일이 아니다. 감염증이나 골절 때문에 병원에 가는 것과 똑같은 일이다.

기분이 다운되거나 불안 등이 고통을 동반하여 심신의 건강이나 기능에 악영향을 끼칠 때, 또는 그것이 2주 이상 지속된다면 전문 의료진과 상담을 거쳐 치료 여부를 판단 받도록 해야 한다.

그리고 불안이나 우울한 심리상태를 유발하는 육체적 병도 있으므로 진찰해 볼 것을 권장하는 바이다.

최근에 「당신은 멘탈 구급상자에 무엇을 넣겠는가」라고 여러분들에게 물었더니 앞 페이지 일러스트에 넣은 것들을 포함한 많은 대답들이 있었다.

일러스트를 참고삼아 자신이라면 무엇을 삽입할지 적어보기 바란다. 여기에 적은 것은 당신의 심적 건강을 위해 촉진제가 될 것이다.

🗨️ 당신에게 말하고 싶은 마지막 조언

지금부터 말하는 것을 마음속 한 구석에 놔두었으면 한다.

당신이 괴로운 기분일 때, 그 기분은 다양한 상황이 벌어져 이상 사태에 따른 정상적 반응일 수 있다는 점이다.

예를 들면 사랑하는 사람과 사별했다면 대부분의 사람은 괴로워한다. 고통은 스트레스를 받은 상황에서 나타나는 지극히 자연스런 인간다운 반응이기 때문이다.

다만, 지금 상황으로 볼 때 괴로운 것이 자연스러운지, 멘탈적으로 고통스럽기 때문에 조력자의 힘을 빌려야 하는 것이 좋은지의 여부를 판단하기에도 어려운 일이다.

따라서 **도움 요청을 망설이지 말기 바란다.** 타인에게 설명하다 보면 경과도 수습할 수 있고, 자신의 감정을 객관적이고 일반화함으로써 치료에 관한 계획도 세울 수 있다.

사회적으로 세워야 할 대책도 있다.

마음의 병에 관한 리스크가 높아지는 강력한 요인에는 현실에서 일어나는 상황, 예컨대 경제적 고통, 직장이나 가정에서의 갈등, 언행, 학대 등과 같이 트라우마가 될 만한 사건 등도 여기에 포함된다.

이런 상황에서 만성적으로 스트레스를 받고 마음의 건강을 해치는 일이 많이 발생한다.

이 책에서 소개한 방법은 다수의 사람들에게 효과가 있을 보편적 방법이다. 하지만 만약 당신이 만성적 스트레스에 처해 있다면, 치료를 위해 **가능한 한 스트레스 요인 자체를 없애는 방향으로 지향**하길 바란다.

만약, 상담자가 따돌림을 당한다면 필자는 그 따돌림을 극복하는 데 조력할 뿐만 아니라, 스트레스는 물론 따돌림 자체에 대응하는 데 조력하고 싶은 것이다.

물론 경제적 고통이나 직장에서의 따돌림, 학대 같은 문제에 개입하여 대처하기에는 상당히 어렵다. 따라서 이런 상황에 처했을 때 책에서 제시하는 방법 중 도움이 되는 것이 있으면 좋겠지만, **경우에 따라서 도움을 받으면서** 우선적으로 상황 자체를 바꿔서 행동하길 바란다.

사회적 차원에서 생각했을 때, 마음의 병을 개별적으로 치료하는 것으로 불충분하다. 마음의 병에서 개별적 치료는 해결책의 일부에 지나지 않기 때문이다.

우리를 힘들게 하는 스트레스 원인에 초점을 맞춘 사회적 대책이 필요하다. 빈곤과 트라우마, 사회적 참사, 장기간에 걸친 만성적 스트레스 등과 같이 마음의 건강에 큰 충격을 줄 만한 일에는 사회적 차원에서 거시적으로 대응해야 한다.

당신이 바쁜 현대생활을 살아가는데 빼놓을 수 없는 「멘탈을 케어하는 도구상자」와 마음의 케어에 대한 자신감을 갖기를 희망한다.

누구나 멘탈이 무너질 가능성이 있다. 마음이 괴로운 상황은 놀라운 일도 아니고 당신이 잘못 살아온 탓만도 아니다. 인간이라면 누구에게나 크고 작은 일들이 일어날 수 있다는 점을 알고 있어야 한다.

마음의 건강은 뇌뿐만 아니라 육체적 건강이나 환경에도 밀접한 관계가 있다. 마음은 인생의 핵심이기 때문에, 마음을 케어하는 일은 인생 스토리를 바꿀만한 힘이 있다. 이 두 가지를 알고 있다면 우리는 이미 멘탈 케어에 자신이 있는 것이다.

부디 앞으로도 마음의 케어에 대한 지식을 쌓고, 확실한 정보와 근거에 기초한 방법을 찾아내 당신의 「멘탈을 케어하는 도구상자」를 업그레이드하기 바란다.

당신이 힘겨운 상황에 부딪쳤을 때, 침울해진 자신을 발견했을 때, 기분이 한계에 도달했을 때 등등 이 책이 당신 마음속에서 하나의 버팀목이 되길 바라며.

〈내용 중 좀 더 확장된 자료들을 소개합니다〉

마음 건강의 궁금증이 일어난다면
Austin, Jehannine & Landrum Peay, Holly, How to Talk with Families About Genetics and Psychiatric Illness, W. W. Norton & Company, 2011

Filer, Nathan, This Book will Change your Mind about Mental Health, Faber & Faber, 2019

뇌기능의 역할을 알고 싶다면
Burnett, Dean, The idiot Brain, Guardian Faber Publishing, 2017

New Scientist, The Brain: A User's Guide, hodder & Stoughton Ltd, 2018

몸과 마음의 관계성을 알고 싶다면
Macciochi, Jenna, Dr., Chapter 5: 'Mental health matters' in Immunity: the Science of Staying Well, Harper Non Fiction, 2020

Marchant, Jo, Cure: A journey into the Science of Mind over Body, Canongate Books, 2017

기본 케어를 소홀히 하면 안 된다(제1장 TOOL 1)
Hammond, Claudia, The Art of Rest: How to Find Respite in the Modern Age, Canongate Books, 2019

Hardy, Jane, 365 Days of Self-Care: A Journal, Orion Spring, 2018

Reading, Suzy, The Self-Care Revolution: Smart Habits & Simple Practices to Allow You to Flourish, Aster, 2017

Seal, Clare, Real Life Money: An Honest Guide to Taking Control of Your

Finances, Headline Home, 2020

Walker, Matthew, Why We Sleep: The New Science of Sleep and Dreams, Penguin, 2018

마음의 건강을 지탱해주는 5개 기둥(제1장 TOOL 2)

Kabat- Zinn, Jon, Wherever You Go, There You Are: Mindfulness Meditation for Everyday Life, Piatkus, 2004

자신의 가치관을 파악한다(제1장 TOOL 3)

Harris, Russ, The Happiness Trap: Stop Struggling, Start Living, Robinson Publishing, 2008

Russ Harris의 웹상에서 운동의 효과를 볼 수 있다. www.thehappinesstrap.com

뉴멕시코 대학의 CASSAA(알코올 중독, 약물 남용 및 중독 센터)는 유용한 '가치카드'를 제공한다. 이 카드는 「매우중요」 「중요」 「중요하지 않음」으로 분류하여 가치를 설정하는데 도움을 줄 수 있다. https://casaa.unm.edu/inst/ Personal%20 Values%20Card%20 Sort.pdf

감정의 정체를 알고 적절히 대처한다(제3장)

Feldman Barrett, Lisa, How Emotions are Made: The Secret Life of the Brain, Pan Macmillan, 2018

할 줄 아는 사람일수록 나타나는 「사기(Imposter)증후군」(제4장 TOOL 13)

Hibberd, Jessamy, Dr., The Imposter Cure: How to Stop Feeling Like a Fraud and Escape the Mind-Trap of Imposter Syndrome, Aster, 2019

포지티브한 변화를 일으키기 위해서 목표를 설정한다(제5장 TOOL 15)

Fogg, BJ, Tiny Habits: The Small Changes that Change Everything, Virgin Books, 2019

마음속에 있는 「심술보」를 내보낸다(제6장 TOOL 18)

Gilbert, Paul, The Compassionate Mind, Constable, 2010

백색 소음의 세계에서는 필요한 정신 건강 소리를 듣거나 찾기조차 어렵다. Emma는 우리가 매일 직면하는 문제의 핵심을 파헤치는 독특한 방법을 가지고 있다. 이런 책은 세상에 더 이상 존재하지 않으며 사고(思考)하는 사람이라면 반드시 읽어야 할 책이다. - Anna Whitehouse / Mother Pukka 설립자

Emma는 나의 생각을 이해할 수 있게 내 스스로 동정심을 일으키는 방식으로 도와주었다. 그녀는 어렵고 힘든 일은 아주 단순하게 처리해 주었고 많은 사람들에게 공감을 일으키기에 충분하다. - Emma Gannon / The Multi-Hyphen Method의 베스트셀러 작가

인간의 두뇌를 가진 사람이라면 누구나 사용할 수 있는 필수적인 사용설명서다. Emma는 소셜 미디어의 백색 소음, 오도된 과학을 통해 우리에게 매우 간단한 메시지를 전달한다. 혼자서 고군분투할 필요가 없다. - Sara Tasker(@me_and_orla) / 베스트셀러 작가이자 팟캐스트 진행자

이 책은 삶에 압도당하고 죄책감에 시달리는 사람들을 위한 멋진 책이다. 긍정적이고 실용적인 방법으로 감정을 다루는 방법을 배우고 자신에게 훨씬 더 친절해질 것이다. - Katie Kirby / Hurray for Gin의 저자

Emma는 공감할 수 있고 실용적이며 박식하다. 그녀는 정신 건강을 보호하면서 삶을 탐색하는 데 도움이 되는 완벽한 가이드다. - Gemma Bray / The Organized Mum Method 창시자

Emma는 증거에 기반한 심리학을 이해하기 쉽고 간단하게 실행에 옮기는 놀라운 재능을 가지고 있다. - **Jessamy Hibberd 박사** / The Imposter Cure의 저자

매우 시각적인 학습자로서 저는 우리의 뇌 속에서 무슨 일이 일어나고 있는지, 때때로 우리가 왜 그렇게 행동하는 지를 설명하는 Emma의 단순하고 기발한 삽화에 정말로 공감이 간다. Emma는 우리의 정신 건강을 정상적이고 접근하기 쉽게 만들고 이것은 내면 세계를 통제하고 행복감을 만들 수 있도록 하게 한다. - **Anna Lewis** / 일명 Sketchy Muma, 일러스트레이터 겸 작가

따뜻하고, 재밌고, 접근하기 쉽고 중요하다. 진지한 차원에서 자신을 이해하고 동시에 즐기고 싶다면 이 것은 당신을 위한 책이다. - **Dr. Soph** / 임상 심리학자 + 요가 교사

당신이 더 이상 대처할 수 없다고 생각하거나 내면의 비평을 제어할 수 없을 때, Emma는 당신의 조력자가 될 것이다. 자신이 외압의 징후를 발견하고 그것을 방지하기 위해, 스스로 취할 수 있는 방법을 배울 수 있는 매우 중요한 툴킷이다. 이 책은 분명히 내 침대 옆 탁자에 둘 것이다. - **Elle Wright** / featheringtheemptynest.co.uk의 작가 겸 블로거

마음의 근육을 단련하는 센터

멘탈케어 도구상자 55

초 판 인 쇄 | 2023년 3월 10일
초 판 발 행 | 2023년 3월 20일

지 은 이 | 엠마 헵번
감 수 자 | 조대수
편   역 | GB기획센터
발 행 인 | 정옥자
임프린트 | HJ골든벨타임
등   록 | 제 3-618호(95. 5. 11) ⓒ 2023 Han Jin.
I S B N | 979-11-91977-19-6
가   격 | 17,000원

표지 및 디자인 | 조경미 · 엄해정 · 남동우   제작 진행 | 최병석
웹매니지먼트 | 안재명 · 서수진 · 김경희   오프 마케팅 | 우병춘 · 이대권 · 이강연
공급관리 | 오민석 · 정복순 · 김봉식   회계관리 | 김경아

(우)04316 서울특별시 용산구 원효로 245(원효로 1가 53-1) 골든벨 빌딩 5~6F
• TEL : 도서 주문 및 발송 02-713-4135 / 회계 경리 02-713-4137
        편집 및 디자인 02-713-7452 / 해외 오퍼 및 광고 02-713-7453
• FAX : 02-718-5510 • http : //www.gbbook.co.kr • E-mail : 7134135@naver.com